Sonnenschein
für geistig- und körperlich
behinderte Kinder

Schön Danke Danke sagen

Ich danke allen, die mich bei der Erstellung dieses kleinen Reiseberichtes unterstützt haben.

Mein besonderer Dank gilt Frau M. (Moni möchte nicht mit richtigem Namen genannt werden), diese hat die folgenden Zeilen erst in die richtige Form gebracht und meine Legasthenie verbessert. Auch bei Schatzi möchte ich mich explizit bedanken, dass ich all ihre Gedanken und Sprüche zitieren durfte!

Geschrieben habe ich es in allererster Linie für meine Familie und mich.

Dennoch haben wir uns entschlossen, alle Bücher aus der Reihe „Schatzi, eine Reise und ich" über den Buchhandel zu vertreiben. Mit den Erlösen aus dem Verkauf würden wir Hendrik gerne eine kleine Flugreise ermöglichen. Für ihn, der seit einem Badeunfall vor 13 Jahren körperlich schwerst- behindert ist, wäre es das Erlebnis seines jungen Lebens! In diesem Zusammenhang verzichten sowohl der Autor als auch Frau M. auf jegliches Honorar.

Dafür, an dieser Stelle, ein extra Dankeschön!

Hieronymus L.

Schatzi, eine Reise und ich

Zweites Buch

Mit dem Wohnmobil nach Istanbul

©2011 Hieronymus L. - Hamburg im Juli 2011
Idee Schatzi und der Autor
Korrektur Frau M.
Herstellung und Verlag: Books on Demand GmbH, Norderstedt
ISBN 978-3-8423-6902-3

Hamburg, Anno 2010

Zuerst testete ich meine Idee im Bekanntenkreis. „Mit dem Wohnmobil von Hamburg nach Istanbul - ihr habt sie ja nicht alle!" „Ist das nicht zu gefährlich, durch den Ostblock?" „Wo wollt ihr denn übernachten?" „Da solltet ihr genügend zu essen und trinken mitnehmen!" Solche und ähnliche Bemerkungen bestärkten uns, die Reiseplanung für eine Tour nach Istanbul in Angriff zu nehmen.

„Dicke" so der Spitzname von Schatzi - und Schatzi ist der Spitzname meiner Frau: „Was hältst du davon, wenn wir dieses Jahr nach Istanbul fahren?" Prompt kam es aus dem Badezimmer zurück: „Da wollten wir doch schon immer mal hin". Ja klar, da wollten WIR doch schon immer mal hin. Alleine WIR wollten da schon immer mal hin! Bisher scheute ich mich immer vor dieser Stadt. 12 Millionen Einwohner und Millionen von Touristen.

Manchmal habe ich echt selbstzerstörerische Ideen. Bisher konnte ich mich immer vor einer Reise nach Istanbul drücken, obwohl – gereizt hätte es mich schon. Aber so eine große Stadt und dann ich mit meiner ausgeprägten Sozialphobie.

Schließlich siegte der Abenteurer und Entdecker in mir und außerdem, endlich wieder eine Aufgabe.

Ihr müsst wissen, neben einer Vielzahl von Phobien - Sozialphobie, Antiessenphobie, Intolleranzphobie (die anderen lernt ihr später noch kennen) leide ich an Phantasie- und Ideenüberschuss. Schatzi meint, dies hätte bei mir schon krankhafte Züge und grenzt an ADS.

Wie vor jedem Urlaub, ging es auch jetzt an eine exorbitant gut durchdachte Planung der Fahrtroute, der Ziele und der zu erwartenden Übernachtungsplätze. Akribisch plante ich die kürzeste Fahrtroute von Hamburg nach Istanbul und mied dabei Autobahnen wie mein Chef Gespräche über Gehaltserhöhungen.

Aus einer Vielzahl von Reiseführern suchte ich interessante

Ziele und Sehenswürdigkeiten heraus. Am Ende wurden alle gefundenen Punkte auf unser Navi übertragen. Die Hälfte der ausgesuchten Punkte hätte für zwei Jahre Ferien gereicht. Und wofür das alles?

Noch nie sind wir unsere Routen so gefahren wie geplant. Jetzt könntet ihr zu dem Schluss kommen, dass die ganze Vorbereitung für die Katz' war, weit gefehlt. Die Vorbereitung war für uns doch schon fast Urlaub.

Ein A4 Ordner wurde angelegt, mit einem Register gefüllt und mit Ausdrucken der gesamten Strecke und Teilstücke durch die einzelnen Länder gefüttert. Weiter wurden Listen mit allen anzufahrenden Punkten erstellt und nach der Anfahrtsreihenfolge umbenannt, auf das Navi gespielt, ausgedruckt und im Ordner abgelegt.

Mit modernster Technik wurde die türkische Schwarzmeerküste am heimischen Mac abgescannt und auf den Laptop gepackt. So hätten wir unterwegs immer nach Übernachtungsmöglichkeiten Ausschau halten können.

Wehe, einer behauptet, wir seien spießig. Gut, wenn man dann noch in Betracht zieht, dass wir uns im Vorfeld jeden möglichen TV-Bericht über Istanbul und/oder das Schwarze Meer angesehen haben, ist der Gedanke mit dem „spießig sein" nicht so abwegig. Dagegen spricht eindeutig unsere geplante und erst recht die tatsächlich zurückgelegte Fahrtroute.

Schatzi begann in der Zwischenzeit unsere kleine Bergziege (so nennen wir liebevoll unser Wohnmobil) reisefertig zu machen. Zuerst wurde diese einem Belastungstest unterzogen. Schatzi versuchte, den Inhalt unseres 10!!!türigen Kleiderschrankes in einem 17 Jahre alten Wohnmobil unterzubekommen. Dieses glich nun eher einer überladenen Schildkröte und unser Kleiderschrank bekam Depressionen und hatte erste Anzeichen eines Burnouts.

Nach gutem Zureden meinerseits stellte Schatzi wieder ein Gleichgewicht zwischen beiden her.

Eine gewisse Sorgfaltspflicht und Verantwortung für eine sichere Reise trug ich ja auch, also nahm ich Panzertape und versuchte, die hintere Stoßstange unseres Wohnmobils wieder so zu befestigen, dass wir in Istanbul als heimgekehrte Türken durchgehen würden.

Freitag – Abfahrt

Am 09. Juli war es dann soweit: alles war gepackt, das Navi gefüttert, noch ein kurzer Check ob alles Wichtige an Bord ist - Essen, Trinken, Pässe, Geld und Schatzi - und los ging's.

Die erste Etappe führte uns von Hamburg nach Pretzsch an der Elbe. Nach ca. 300 km sahen wir von der Landstraße aus einen geeigneten Übernachtungsplatz an der Elbe. Es wurde auch Zeit, schließlich war es kurz vor 22 Uhr, also Blinker raus, links weg über einen Feldweg, oder war es die Zufahrt zu einigen Höfen? Egal, es war der erste Test für unsere Packkunst und ... bestanden, Es klapperte nicht unnötig viel und die Schränke blieben auch alle zu. Nur mit der Sicht stimmte irgendetwas nicht.

Gut, es war späte Dämmerung und trotzdem? Da, eine kleine

fast ebene Stellfläche neben dem Weg und der endete eh in 5 m. Rückwärts rein - mit dem Heck zum Schilf. Was für ein zauberhafter Platz mit Blick auf die Elbe. Auch fanden sich hier einige Zivilisationsrückstände wie leere Bierflaschen, Müllbeutel und ähnliches, so fühlten wir uns nicht ganz so einsam.

Nun standen wir neben unserer Bergziege und beglückwünschten uns zu diesem schönen, einsamen Platz.

Plötzlich schlug Schatzi zu, klatsch, klatsch und nochmals klatsch und dann ich, ach deswegen war die Sicht so schlecht - Trilliarden von Mücken gaben sich hier ein Stelldichein.

Nichts wie weg! Bei gefühlten 50°C im Womo ist dies leichter gesagt als getan, ihr könnt euch vorstellen, wie wir uns gefühlt haben.

Schwitzend und kratzend suchten wir auf dem Navi nach einer Alternative. In unmittelbarer Nähe entdeckten wir eine Fähre und dort gibt es immer auch eine Parkmöglichkeit. So war es dann auch, direkt an der Elbe, eben, asphaltiert, kaum Bäume und so gab es hier nur 2 Millionen Mücken. Uns erschien es hier fast mückenfrei!

Samstag - Durch Tschechien

Hallo, geht`s noch! Es ist Samstagmorgen! Wer fährt da schon früh um 7 mit der Fähre? - diese Ossis! Ach so, wir sind ja selber welche. Zum Glück waren es nur sehr wenige die meinten, unbedingt die Ersten auf der Elbe sein zu müssen, und so konnten wir noch gut ausschlafen, immerhin bis gegen 7:30 Uhr.

Mit bestem Elbwasser wurde die Frontscheibe von 1,2 Millionen toten Mücken befreit und bei 26°C fuhren wir gegen 8 Uhr weiter.

Die heutige Tour führte uns gut 500 km durch Tschechien. An der Grenze nach Tschechien dann die ersten verwunderten Blicke und Fragen. Schatzi kaufte Vignetten für den Fall, dass wir doch eine Autobahn benutzen mussten.

Freundlich erkundigte sich die Verkäuferin, wohin es gehen sollte. „Ach, nach Istanbul? Ist das nicht in der Türkei? Ist das nicht sehr weit?". Ja, es liegt in der Türkei und ja, es ist sehr weit! Mit einem verwunderten Gesichtsausdruck wünschte sie Schatzi eine Gute Reise und schüttelte den Kopf, was wohl soviel bedeuteten sollte wie: Die spinnen, diese Deutschen!

Nur wenige hundert Meter hinter der Grenze erwarteten uns schon die nächsten Abenteuer. Die Straße führte durch den tschechischen Teil des Erzgebirges. Links neben der Strecke begleitete uns die ganze Zeit ein kleiner Bach. Plötzlich erspähte ich einen ausreichend großen Parkplatz, der uns zu einer kleinen Pause lockte. Und siehe da, zu unserer Überraschung präsentierte sich hier ein sehr schöner Badeplatz.

Also nicht lange nachgedacht, Klamotten runter und rein in den Bach. Nach der schweißtreibenden Fahrt ein einziger Genuss. Als ich Schatzi so am Bach sitzen sah, musste ich sie einfach fotografieren. Gerade war ich mit den göttlichen Fotos durch, als neben dem Womo ein älterer Opel anhielt. Der Beifahrer stieg aus und fragte mich ohne Umschweife: „Kannst du Euro wechseln?". Verdutzt fragte ich nach: „Was willst du?". Und tatsächlich, er wollte eine 1 Euro Münze in zwei fünfzig Cent Stücke gewechselt haben.

Hallo, bin ich doof? Wir sind hier meilenweit vom nächsten Geschäft entfernt, an einer einsamen Landstraße und der wollte einen Euro gewechselt bekommen? Schatzi sonnte sich derweil wie Gott sie schuf und hört nichts außer dem Rauschen des Baches.

Ich verneinte sein Ansinnen und stellte mich vor unsere Eingangstür. Direkt dahinter hing mein Jagdmesser und ein K.O.-Spray. Auch als er fragte, ob ich anderes Geld wechseln kann, verneinte ich erneut und öffnete die Womotür, sodass er einen Blick ins Innere werfen konnte. Plötzlich hatte er es ganz eilig, in sein Auto zu kommen und der Fahrer gab Gas. Als ich Schatzi später berichtete, was sich gerade zugetragen hatte, wurde sie ganz bleich und ich wurde zum Helden des Tages gekürt.

Da Tschechien nicht zu unseren bevorzugten Reiseländern gehört, legten wir hier einen Autobahnsprint über knapp 400 km ein. Hinter Brno verließen wir die Autobahn wieder und bummelten auf der Landstraße weiter bis Strozska Nova Ves. Dort fanden wir „unseren" See wieder.

Hier, wo die Leidensgeschichte unserer Stoßstange vor ca. einem Jahr begann.

Um einen guten Übernachtungsplatz zu bekommen, fuhren wir damals so weit wie möglich Richtung See. Als eines der letzten Fahrzeuge fanden wir auch einen Platz - und der Boden? Eben war der nicht gerade, aber ... volles Risiko ...! Schatzi! Pass auf ... Rückwärtsgang ... und ... krach! Schon saßen wir auf und zwar mit der linken Ecke der hinteren Stoßstange.

Dank der Hilfe einiger freundlicher Tschechen kamen wir schnell wieder frei, nur hatten wir jetzt eine Kriegsverletzung. Im Kampf für einen erstklassigen Übernachtungsplatz verletzt - welche Ehre - nur Schatzi sah dies anders.

Dabei war sie es, die der Stoßstange einige Monate später, beim Versuch einzuparken, den Todesstoß versetzte.

Eine Neue haben wir seither nicht gebraucht, denn Panzertape glänzt doch schön in der Sonne und hält sehr gut, also halten wir an Altbewährtem fest. Und so kehrte das Panzertape, nach fast einem Jahr, an den Schauplatz des Geschehens zurück.

Diesmal hatten wir mehr Glück mit dem Parkplatz, fanden wir doch einen See weiter einen weitaus besseren Platz. Völlig ebene Stellfläche 5 m vom Wasser entfernt, keine Menschenseele im weiten Umkreis.

Auch bei Einbruch der Dunkelheit zeigte das Thermometer immer noch fast 30°, sodass einem erfrischenden Bad als Eva und Adam nichts mehr im Wege stand. Also Klamotten runter, rein ins Wasser und ... herrlich.

Romantisch wie ich nun einmal bin, sagte ich zu Schatzi: „Sieh nur, die vielen Wasserläufer!". Wunderschön, wie die so in der letzten Abendsonne über das Wasser laufen. Aber es waren recht viele und so sahen wir genau hin. „Oh nein, nicht schon wieder."

Entsetzt blickte ich auf die Wasseroberfläche. Das sind keine Wasserläufer, das sind Mücken, die zwischen den Mahlzeiten auch mal einen Schluck trinken möchten. Es waren keine 5 m vom Wasser zum Womo, aber meine Beine sahen nach diesem kleinen Stück schon aus wie Streuselkuchen.

Im Womo angekommen, fühlte es sich an wie im Backofen und das war unser Stichwort, Essen. Wie ihr euch vorstellen könnt, gab es keine Suppe. Brot, Käse, Wurst und ein Schluck Wein dazu, ausreichend und perfekt bei diesen Temperaturen.

Nach dem Essen, wir waren gerade mit der Nachspeise fertig, kamen zwei Angler und erklärten uns auf Eng-tschech-deu, dass wir inmitten eines Naturschutzgebietes stehen und die Behörden auch alte Wohnmobile zur Kasse bitten.

Also Hosen hoch und ein kleines Stück weiter fanden wir am Ende eines Sackgassen-Feldweges unseren endgültigen Übernachtungsplatz.

Sonntag - Nach Ungarn

Nach einem erfrischenden Bad am Morgen ging es gegen 9 Uhr weiter. Da wir unsere Planung schon aufgegeben hatten, hieß das Tagesziel Ungarn und so erreichten wir nach gut 300 km einen schönen (leider nur) Angelsee mit einem super Übernachtungsplatz direkt am Wasser.

Allerdings durften wir uns in Nordungarn schon mal auf andere Straßenverhältnisse einstellen. Der Zustand der Landstraßen nahm stetig, von Nord nach Süd ab und so ahnten wir nichts Gutes für den weiteren Weg. Vorerst erholten wir uns aber an dem See.

Mussten uns aber pünktlich gegen 21 Uhr ins Womo verziehen. Denn zu dieser Zeit fielen sie ein bzw. zuerst über mich, später auch über Schatzi her - die Stechbiester. Aufgrund der Temperaturen konnten die Wolldecken getrost im Schrank bleiben.

Montag - Die Puszta fordert alles

Der Montag endete nach ca. 500 km mit einer dicken Überraschung und einem Erlebnis der besonderen Art. An diesem Morgen hatte uns der Erholungseffekt schon voll erwischt. Noch vor 7 Uhr waren wir munter und aufgrund der bevorstehenden Tagestemperaturen starteten wir auch gleich durch.

Dies war auch angebracht, zumal uns der Weg durch die ungarische und rumänische Tiefebene - auch Puszta genannt - führen sollte. Von einem früheren Urlaub hatten wir diese als sehr tröge, öde und sehr ermüdend in Erinnerung.

Und so war es dann auch, hunderte von Kilometern Landstraße durch ein Land, das geprägt ist von Sonne und Blicken bis hinter den Horizont. Schleswig Holstein ist im Vergleich dazu die reinste Hochalpenregion.

Aber mit Red Bull und Dextro Energy konnten wir dieser Gegend auch etwas Positives abgewinnen. Schatzi hätte sonst nie erfahren, wie Red Bull schmeckt. Auch hatte sie genügend Zeit, mich mit Geschichten und Personalien aus ihrer Schule zu unter...? Mit anderen Worten, sie kaute mir ein Ohr ab!

Dafür wusste ich 10 Sekunden lang, wer mit wem und welcher Bruder von Irmgard auch schon mal in Dänemark war. Im Gegensatz zur CIA Telefonüberwachung schaltet mein Gehirn bei so manchem „Schlüsselwort" auf Durchgang. Sorry Schatzi, es kommt nie mehr so lange vor! Schließlich und endlich kannte ich alle Mitstreiter von Schatzi bis zur 3. Generation zurück und wusste um so manche Krankheit, von der ich noch nie gehört hatte und besser auch nie wieder hören möchte.

Hinter der rumänischen Grenze ging die Puszta zu Ende. Die Landschaft änderte sich und wurde tatsächlich bergiger und da ..., da war er. Direkt neben der Straße - ein Wasserfall, nein nicht einer,

12

mehrere. Bremsen quietschten, der Womotisch kam nach vorne gerutscht, Schatzi schimpfte über meine Fahrweise aber wir standen. Umziehen, Handtuch, Badeschuhe, Kamera und los ging's. Endlich den ganzen Pusztadreck abspülen. Es war einfach nur herrlich!

Da sich der Parkplatz am Wasserfall nicht als Übernachtungsplatz eignete - Parkmöglichkeit nur direkt neben der Straße, fingen wir an, nach einem geeigneten Platz Ausschau zu halten. Wasser brauchten wir auch mal wieder und so hielten wir an einem kleinen Bach, etwa 100 m neben der Straße und begutachteten den Platz.

Das bedeutet: Schatzi geht fotografieren, ich teste das Wasser, fülle dann die Tanks nach, Schatzi fotografiert weiter, ich mache mir Gedanken und beurteile den Platz nach seiner Übernachtungsqualität, Schatzi findet keine Tierchen mehr und die Begutachtung ihrerseits endet mit den Worten: „So besonders ist der Platz nicht"!

Nee is klar, ich liebe dich mein Schatz, also packte ich meinen Liegestuhl, in dem ich schon ganze 3 Minuten entspannen konnte, wieder ein, wir einigten uns über alles Negative an dem Platz und weiter ging es.

„Bis wohin soll denn die Fahrt heute gehen?". Auf diese Frage gab es nur eine Antwort - Schulterzucken oder „Bis wohin willst du denn fahren?" Fahren wollte ich bis zu einem schönen Übernachtungsplatz.

Diesen fanden wir dann in Zlatna, etwa 130 km vor Sibiu (Hermannstadt). Dort bot sich uns ein neu gepflasterter Parkplatz vor einem Sportstadion zur Übernachtung an. Die Straße war etwas entfernt und nicht so sehr befahren, so stellten wir uns an den äußersten Rand des Platzes.

„Ahhh, endlich da!" Ja, das sagen wir bei jedem neu gefundenen Zwischenziel. Dann die Stühle, Tisch und schlechte Luft raus. Grill aufgebaut, Wein auf den Tisch. Vor der Essenzubereitung einen kleinen Aperitif und dann: ich Essen machen, Schatzi fotografieren oder Küchenhilfe für mich. Danach das Beste am Tag - in Ruhe essen, trinken und quatschen.

Ja quatschen, wir haben uns von unseren Erlebnissen des Tages erzählt und haben die Fahrt nochmals Revue passieren lassen. Nicht, dass ihr denkt, wir reden sonst kaum. Wir haben vor lauter Reden keine Zeit, dem Autoradio oder irgendwelcher Musik zu lauschen. Und so blieb das Radio die ganzen 7.500 km über AUS!

Wir saßen vor unserer Bergziege, mit Blick auf den Ort, beobachteten die Menschen, die sich neugierig immer wieder näherten ohne uns wirklich nahe zu kommen. Verteilten Lutscher an einige spielende Kinder und dann näherten sich uns zwei Männer mit forschem Schritt.

„Schatzi, pack ein, wir müssen hier verschwinden" raunte ich ihr zu und wir setzten uns beide aufrecht in unsere Stühle. In einer Mischung aus rumänischem Englisch, vermischt mit deutschen Buchstaben, überreichten sie uns freundlich lächelnd ein Glas Honig, 6 Eier und hießen uns herzlich willkommen in Zlatna. Sie freuten sich aufrichtig, dass Besucher hier anhielten und ihre Stadt eines Zwischenstopps für würdig hielten.

Wir bedankten uns, wie sollte es anders sein, mit einem Glas Schnaps. Und so stießen wir auf das Leben und auf uns alle an. Sie zeigten auf ein Haus gegenüber und meinten, wenn wir etwas brauchen, sollten wir ruhig zu ihnen kommen. Nachdem sie sich verabschiedet hatten, schauten wir uns ungläubig an und diskutierten heftig, was die beiden wollten.

Wir kamen einfach nicht auf die Idee, dass beide nichts weiter wollten, als uns in ihrem Land willkommen zu heißen! Schatzi und ich kamen zu dem Schluss, sie wollten uns bestimmt Honig verkaufen und wir können das Geschäftliche in ihrem Haus besprechen. Zu allem Unglück haben wir so eine ähnliche Situation in einem TV-Reisebericht gesehen und sahen uns nun in derselben Lage.

Auf Grund meiner diversen Phobien schickte ich Schatzi als Kundschafterin in das Haus. Ihr Auftrag war klar, fragen, was der Honig kosten soll, zumal er ausgezeichnet schmeckte. Nach etwas Bitten machte sie sich auf den Weg und ich beobachtete die Szenerie vom Womo aus. Sie kam an das Gartentor, welches selbstverständlich nicht verschlossen war und ich konnte sehen, wie sie eine Unterhaltung mit den Beiden begann. Übrigens eine Spezialität von Schatzi!

Sie bog sich vor Lachen, schwups hielt sie ein Glas in der Hand und sprach angeregt mit Beiden. Plötzlich drehte sie sich zu mir um und winkte mich zu sich. Also gut, dachte ich, verschloss das Womo und machte mich auf den Weg. Verhandeln wir eben mit Schnaps über den Preis.

Aber weit gefehlt, Ion und Liviu (so hießen beide) wollten uns nichts verkaufen, ganz im Gegenteil. Sie luden uns ein, mit ihnen zu trinken und auch etwas zu essen. Ion konnte nur ein deutsches Wort: „Frühstück", und so wurde aus Selbstgebranntem und Honig schnell „Frühstück".

Irgendwann kamen dann noch viele Leute, ich glaube Nachbarn, Familienmitglieder und Freunde. Dass wir Schwierigkeiten hatten, alle auseinander zu halten, lag auch an dem vielen „Frühstück", welches immer wieder gereicht wurde. Als wir uns dann schon dem richtigen Frühstück näherten, wollten wir uns verabschieden.

Diesem Wunsch wurde allerdings nur unter dem Versprechen, dass Ion uns am nächsten Tag noch die Gegend zeigen kann und wir unbedingt noch zum Essen bleiben, stattgegeben. Als wir noch zustimmten, gegen halb neun pünktlich zum Frühstück zu erscheinen, durften wir auch wirklich ins Bett gehen.

Und siehe da, hatte sich doch ein Womo aus Frankreich zu uns gesellt. Allerdings mussten diese den Abend ohne „Einheimische" verbringen.

Dienstag – Bei Ion und seiner Familie

Nach gefühlten 10 Minuten Schlaf erschienen wir pünktlich zum Frühstück bei Ion in der guten Stube. Und dann kam alles auf den Tisch, was der eigene Hof hergab. Ziegenkäse, Speck, Brot,

Tomaten, Knoblauch, Honig und das obligatorische „Frühstück" fehlte auch nicht.

So gestärkt wurden wir im Dacia von Horia (dem Sohn von Ion) durch die Berge und zu unzähligen Bekannten chauffiert. Für uns war es wie eine Reise in eine andere Zeit. Die Menschen, welche wir trafen, lebten in einfachsten Verhältnissen und mussten wirklich hart arbeiten, um jeden Tag etwas zu Essen auf dem Tisch zu haben und doch waren sie alle fröhlich, zufrieden und ausgesprochen gastfreundlich.

Und ihr könnt uns glauben, es war keine aufgesetzte Gastfreundlichkeit. Alle, die wir hier in den Bergen trafen, waren von einer so aufrichtigen, ehrlichen und authentischen Offenheit und Freundlichkeit, dass wir nicht wussten, wie wir uns verhalten sollten. Damit umzugehen, haben selbst wir fast verlernt!

So arm (nach westlicher Definition) diese Menschen an materiellen Gütern waren, umso reicher waren sie an menschlichen Werten.

Da Ion nur 250 € Rente im Monat bekommt und das Benzin fast genauso viel kostet wie bei uns, wollten wir wenigstens etwas zum Benzingeld dazu geben. Unser Bitten und Betteln aber war umsonst.

Sie ließen es nicht zu, dass wir auch nur einen Lei dazugaben. Alle waren so stolz, uns ihr Leben und ihre Heimat zeigen zu können, dass alles andere in den Hintergrund rückte.

Nach unserer mehrstündigen Rundreise durch die Bergwelt rund um Zlatna hielten wir an der Cabana von Ion und Luci. Dort erwartete uns ein einfaches, aber sehr herzliches Grillfest, welches uns zu Ehren veranstaltet wurde.

Zur Feier des Tages wurde extra noch Fleisch dazugekauft. Es gab selbstgebackenes Brot und hausgemachte Soßen. Was natürlich nicht fehlen durfte, „Frühstück"! Gegen Ende des Grillfestes fing es dann noch an zu regnen.

Und Regen ist kein Ausdruck für das, was dann vom Himmel kam. Innerhalb kürzester Zeit verwandelte sich die Straße in einen rauschenden Bach. Das Wasser schoss aus allen Himmelsrichtungen von den Bergen herab in das Tal.

Uns hätte es schon beunruhigt, doch Ion und seine Familie lächelten über diese Sintflut. Als sei nichts Ungewöhnliches im Gange, steuerten sie die Dacias sicher durch die Wassermassen ins Tal zurück.

Unten angekommen, freuten wir uns, dass unsere kleine Bergziege noch unbeschadet dastand.

Nun wurde es aber Zeit, Abschied zu nehmen, schließlich wollten wir noch weiter. Damit wir unterwegs nicht verhungern, wurden wir noch mit allerlei Lebensmitteln aus eigener Produktion eingedeckt.

Auf die Frage, womit wir ihnen etwas Gutes tun könnten, antworteten Beide, dass sie sich sehr freuen würden, wenn wir auf dem Rückweg nochmals vorbeischauen und sie wieder besuchen würden! Ich kann euch sagen, dies war ein sehr bewegender Moment und beschämte uns zugleich.

Oft denken wir noch an diese bescheidenen und herzensguten Menschen und versuchen immer mal wieder, mit weniger auszukommen.

Es ist wichtig, sich selbst zu betrachten und sich bewusst zu sein, in welchem Überfluss wir leben. Haben wir Bescheidenheit und Demut schon verlernt? Gut, jeder darf sich diese Frage selbst beantworten. Bevor ich jetzt zu philosophisch werde, fahren wir lieber weiter!

Sibiu hieß unser nächstes Ziel. Da wir erst gegen 16 Uhr bei Ion und Luci los sind, wollten wir nicht mehr so weit fahren. Kurz vor Sibiu bogen wir auf eine Schotterpiste ein und erkundeten die Gegend. Abseits der Straße und unmittelbar am Waldrand fanden wir einen geeigneten Übernachtungsplatz.

Da wir uns ja mit etwas weniger zufrieden geben wollten, einigten wir uns auf eine Arbeitsteilung. Schatzi etwas weniger „Küchenarbeit", ich etwas weniger „Fotofreizeit"!

Oh, dieses Leben ist hart aber ungerecht! Keine Angst Männer, ich stehe nicht unter dem Pantoffel, ich koche nur sehr gerne und freue mich, wenn ich Schatzi auf allen Vieren - beim fotografieren - sehe! Müde fielen wir am frühen Abend in unser Bett und hatten endlich Zeit, das viele „Frühstück" vom letzten Abend auszuschlafen.

Mittwoch – Abenteuer Donau-Grenze

Die folgende Nacht war sehr zeitig zu Ende. Schon gegen 7 Uhr ging es voll ausgeschlafen wieder auf Entdeckungsreise. Nach 328 abenteuerlichen km erwartete uns am Abend ein schöner Übernachtungsplatz in Bulgarien.

Zuerst besuchten wir jedoch Sibiu, eine alte deutsche Stadt in Siebenbürgen/Transsilvanien. Dort gönnten wir uns die Zeit, um in aller Ruhe, was bei uns so in „aller Ruhe" bedeutet, die Stadt zu erkunden. Doch zuerst kostete Sibiu Geld.

Wir waren gerade auf der Suche nach einem geeigneten Parkplatz, als ich auf der gegenüberliegenden Straßenseite einen entdeckte. Also habe ich das Womo mitten auf einer 4-spurigen Straße gewendet, zur Parkplatzausfahrt reingefahren - bis dahin war alles noch o.k. Zumindest aus meiner Touristensicht!

Aber um nun zu dem begehrten Parkplatz zu kommen, musste ich zwischen den parkenden Autos und einem Kleintransporter, der gerade von kräftigen Marktbetreibern entladen wurde, durch fahren. Breite eingeschätzt - passt - ein Polo kommt durch, also wir auch. Mit viel Schwung - Augen zu und …!

Bis zu dem hässlichen Geräusch von Metall auf Metall war ja alles in Ordnung. Dass unsere Markise 5 cm breiter ist als das Womo - mein Gott - Mann kann ja nicht an alles denken. Nur waren es eben diese 5 cm, die mir an der Durchfahrt fehlten.

Der nette Herr, welcher sich dann bei uns unfreundlich beschwerte und uns beschimpfte, sah aus wie der kleine Bruder von Bud Spencer und befehligte bestimmt 198 Zigeuner. Er forderte lautstark eine Entschädigung für einen kleinen Kratzer von gerademal 2 m Länge in seinem neuen Transporter - und der war wirklich neu!

Er wollte partout 1 Million von uns. Nach unserem Umrechnungskurs wären dies 250.000 € gewesen! Als ich dann ein Bündel Scheine aus der Tasche zog, deutete er auf einen 100 Lei Schein, zog ihn raus und bedankte sich freundlich. Wir entschuldigten uns, er drehte sich rum und entlud weiter seinen Transporter, als wäre nichts gewesen. Und wir stellten unser Womo auf den anvisierten Parkplatz.

Dann wurde es uns klar, wegen des EU Beitritts gab es vor nicht allzu langer Zeit in Rumänien einen Währungsschnitt und aus 1 Million Lei wurden 100 Lei. Ich finde immer noch, 25 € für einen Kratzer incl. einem bewachten Parkplatz ist o.k.!

Wir sicherten unnötigerweise unser Womo wie unseren Weinkeller und erkundeten die Stadt. Nur war ich an diesem Tag nicht in „Stadtlaune" und außerdem hatte ich unser Ziel noch im Kopf – Istanbul.

Nach einem kurzen Rundgang durch die Stadt zog es uns wieder zum Markt zurück. Dort gab es endlich wieder Honig, Obst, Gemüse und und und! Uns versetzt es jedes Mal in einen Zustand extatischer Kauflust, wenn wir über einen derart bunten und vielfältigen Bauernmarkt bummeln.

Zum Essen und Trinken haben wir eine leidenschaftliche Beziehung. Ihr wisst ja, wie das mit Beziehungen ist, die müssen gepflegt werden! Und so kauften wir wieder einmal mehr als wir essen konnten. Obst, Gemüse, Brot und Honig, all dies wanderte erst in Tüten, dann ins Womo.

Auf dem Markt ging auch ein ca. 80 jähriger Mann umher und bot Knoblauchzöpfe zum Kauf an. Als der Mann hörte, dass wir Deutsche sind, brabbelte er auf uns ein: „Knoblauch, gut für Dracula und andere Sache!" Leider waren dies die einzigen Worte Deutsch, die er sprechen konnte. Dennoch reichten sie aus, uns zum Lachen zu bringen und uns zu animieren, einen Knoblauchzopf „für Dracula" zu kaufen. Kurze Zeit war dann unsere Bergziege gegen Dracula geschützt.

Schatzi regte nun noch ein kleines Frühstück an. Da es aber sehr früh am Tag war und die Cafés noch geschlossen hatten, holten wir uns ein Frühstück für unterwegs. Dieses bestand aus zwei belegten Brötchen, welche wir an einem der Marktstände gekauft hatten.

Wenig später zwängten wir uns aus unserer Parklücke und wir setzten unseren Weg in Richtung Walachei, Donau und Bulgarien fort.

Nach westlicher Vorstellung steht die Bezeichnung Walachei für ein Gebiet fern jeglicher Zivilisation, abgelegen, karg und arm an Menschen und Natur. Wir können euch versichern, diese Vorstellungen sind zum Teil völlig falsch.

Die Walachei wird im Norden von den südlichen Ausläufern der Karpaten berührt. Erst weiter im Süden, zur Donau zu, wird das Land flach und karg. Hier sieht es so aus, wie wir uns die Walachei vorstellen. Zwischen beiden Gebieten erstreckt sich eine kleine, aber sehr fruchtbare Tiefebene, deren Übergang zur wörtlichen Walachei, sehr fließend ist.

Im Norden ist die Landschaft von Bergen, Wäldern, Seen und vor allem von Tourismus geprägt. Die nördliche Walachei zählt zu den beliebtesten Urlaubsregionen für die Rumänen.

Nachdem wir den „Bergtourismus" hinter uns hatten, fuhren wir über einsame Landstraßen durch den fruchtbaren Teil.

Als Schatzi gerade eine „Schul-Geschichte" erzählte und ich dabei war, meine Aufnahmefähigkeit gen Null zu fahren, bremste ich plötzlich stark ab und hielt am rechten Fahrbahnrand. „Was ist nun schon wieder?", fragte Schatzi und nahm ihre Füße vom Armaturenbrett. „Wir kaufen jetzt Wein", lautete meine lakonische Antwort.

Schatz sah mich mit einem mitleidigen Blick an. Sie meinte, es wäre besser, wenn ich mich hinlegen würde. Denn draußen war nichts weiter zu sehen als plattes trockenes Land.

Durch ihre gestenreiche Erzählung waren ihr die beiden Stahltanks auf dem Feld zur Linken, das kleine Gebäude, welches wie ein Pförtnerhäuschen aussah und der alte Wagen mit einigen großen Fässern darauf, ganz entgangen. Zum Glück hat mein, auf die Sichtung von Ess- und Trinkbarem, geschultes Auge die Situation rechtzeitig erfasst. Ich musste nur das Womo wenden, einige Meter zurückfahren und schon hielten wir neben dem „Pförtnerhäuschen". Schatzi konnte es nicht glauben, wir standen tatsächlich vor dem Verkaufsraum eines Weingutes.

Die Auswahl war nicht so groß und wir konnten auch niemanden fragen. Der einzige junge Mann, der sich hier aufhielt, sprach weder Deutsch noch Englisch. Wir konzentrierten uns auf die Weinflaschen. Nach einigem Hin und Her entschieden wir uns für einige Flaschen Rotwein, mit 14% Alkohol, und für den Abend ließen wir uns noch eine Plastikflasche aus dem Tank abfüllen.

Schon saßen wir wieder im Womo und strebten weiter der Donau zu. Desto weiter südlicher wir kamen, umso mehr glich sich die Landschaft unseren Vorstellungen der „Walachei" an. Es wurde immer flacher, trockner, eintöniger und noch ärmer.

Wir erreichten eine kilometerlange Allee, welche gesäumt

wurde von unzähligen Eselskarren, klapprigen Traktoren mit Anhängern und „den-TÜV-nicht-bestehenden", nicht näher identifizierbaren Transportgeräten. Alle waren beladen mit tausenden von Melonen.

Wir befanden uns inmitten des Melonenumschlagplatzes für Westeuropa. Dutzende LKW standen auf den umliegenden Feldern und wurden von den Karren aus beladen. Mit hochgerolltem T-Shirt präsentierten die Männer hier ihre teilweise sehr gewaltigen „Feinkostgewölbe". Wir vermuteten immer wieder, ein gewaltiger Bauch ist unter diesen Leuten ein Statussymbol.

Jetzt stellt euch das bei uns vor, dann heißt es nicht mehr: „Mein Haus, mein Boot, mein Auto", sondern es werden drei Fotos aufgedeckt: „Mein Bauch, der Bauch meiner Frau und der Bauch meiner Schwiegermutter!" Wetten, dass die zweite Variante keine Neider mehr auf den Plan ruft! Achtung Kopfkino! Treffen sich die Männer beim Stammtisch, in der Kneipe um die Ecke und jeder prahlt mit den Bäuchen seiner Lieben!

Zurück zum Melonenumschlagplatz. Eine Reihenfolge oder gar

ein System bei der Abfertigung war nicht erkennbar und viele der Wartenden sahen uns ungläubig an. Sicher kommen hier nicht viele Wohnmobile entlang.

Kurze Zeit später erfuhren wir auch warum. Die Schlaglöcher mit Asphalt herum wichen plötzlich einer Art Autobahn, ähnlich der zwischen Dresden und Chemnitz 1991. Dann ein Schlagbaum, rechts davon einige Schilder mit Preisen und davor Uniformierte.

Aber es waren keine Polizisten, keine Zollbeamten; wir konnten sie einfach nicht einordnen. Hinter dem eingezäunten Areal sahen wir Wasser. Ein kurzer Blick auf das Navi und, richtig, wir waren an der Donau und damit an der Grenze von Rumänien nach Bulgarien.

Also los, stürzen wir uns in ein Grenzabenteuer, wie wir es seit über 20 Jahren nicht mehr hatten.

Außer der Grenze von der Slowakei nach Rumänien waren alle unbewacht, verwaist und dem Verfall preisgegeben. Umso erstaunter waren wir hier. Merkwürdigerweise waren alle Preise auf den Schildern in Euro ausgewiesen.

Noch bevor wir den ersten Schlagbaum passieren durften, wurden 17,50 € fällig. Wofür? Zu dem Zeitpunkt – keine Ahnung! Zahlen, schweigen, freundlich grinsen und langsam weiterfahren.

Dann kam wieder ein Schild mit vielen Zahlen. Hier reichten die Preise von 6 € bis 95 €. Eine streng aussehende und misstrauisch dreinblickende Beamtin schlich um unser Womo und inspizierte besonders die Frontscheibe. Offensichtlich suchte sie etwas, wir vermuteten eine Autobahnvignette! Ganz entspannt beobachteten wir sie, wir hatten nichts zu befürchten. Schließlich sind wir keinen Meter Autobahn gefahren!

Später haben wir erfahren, dass die letzten paar hundert Meter (Plattenstraße) als Autobahn gelten. Und so kam, was kommen musste. Das Mütterchen in Uniform redete auf mich ein und wollte immerzu etwas von uns. Wir machten, was wir am besten können, wir stellten uns dumm und wollten kein Wort verstehen.

Schatzi und ich berieten uns kurz, ob wir einfach wieder

wegfahren und lieber die nächstgelegene Brücke nehmen sollten. Dies hätte aber einen Umweg von ca. 300 km bedeutet. Und so beschlossen wir, weiter auf dumm zu machen.

Nun wurde Mütterchen müde mit uns zu diskutieren und sie forderte mich auf, auszusteigen und ihr zu folgen. So kam ich zu der zweifelhaften Ehre, ein rumänisches Beamtendomizil zu betreten. Ich sag mal so, repräsentativ sieht anders aus.

In diesem Loft von der Größe eines DIXI Klos wurde ich weiter bequatscht und sie drohte mir mit einer Gebührennachforderung von über 100 €. Übergangslos sprach sie plötzlich von Kaffee. Nun fiel selbst bei mir der Groschen, ich sollte sie bestechen. Mensch Mädel, sag das doch gleich!

Also ich raus zum Wohnmobil. „Schatzi, wo ist unsere Kaffee-dose?" So bestürmte ich meine verdutzt dreinblickende liebe Frau. Noch bevor Schatzi etwas sagen konnte, rannte ich mit unseren ge-samten Kaffeevorräten in einer Dose wieder zurück ins Beamten-stübchen. Dort stellte ich freudestrahlend und stolz, dass ich begriffen hatte was sie wollte, die Kaffeedose hin und lächelte Mütterchen erwartungsvoll an.

Ich erwartete ein kurzes Danke und eine Geste, dass wir endlich weiterfahren könnten, aber...! Stattdessen schlug sie die Hände über dem Kopf zusammen und zweifelte offensichtlich an meiner Zurech-nungsfähigkeit. Ohne dass ich ein Wort verstand, war ich mir sicher, dass sie noch nie solch einen begriffsstutzigen Touristen gesehen hat.

Nach weiteren Beschimpfungen formten sich ihre Finger plötz-lich zu einer internationalen Geste und ich schnappte mir die Kaffee-dose und rannte zurück ins Womo. Dort verlangte ich in scharfem Ton von Schatzi, mir sofort Bargeld auszuhändigen. Mit gefühlten 2 kg rumänischen Lei Scheinen rannte ich zurück und fing an, Mütter-chen Scheine vorzuzählen.

Nach acht 5 Lei Scheinen, umgerechnet 10 €, gab sie ein Stopp-zeichen, nahm das Geld und begleitete mich mit einem Grinsen, wel-ches ich des Öfteren auf Arbeit sehe, zurück zum Womo. Mit einem herzlichen Lächeln auf ihrem nun gutmütigen Gesicht verabschiedete sie sich von uns und zeigte uns den Weg zur nächsten Zahlstelle.

Wir fragten uns, was noch käme. Nach wenigen Metern bogen wir zu einer Art Grenzkontrollstelle ein und sahen uns plötzlich am Ende einer schier endlos scheinenden LKW Schlange.

Noch bevor wir überlegen konnten, was nun zu tun sei, erspähte uns ein aufmerksamer Herr. Er winkte uns an den LKWs vorbei nach vorne zu einem Verschlag. Dort wollte ich die Pässe durch das Fenster reichen, doch es gab kein Fenster. Aussteigen und mit unseren Reisepässen hinein.

Dort, an einer „Durchreiche" angekommen, erzählte mir eine nette Dame in fließendem Rumänisch eine Geschichte. Gerade wollte ich sie unterbrechen, da schob sie mir eine Preisliste rüber und zeigte auf die kleinste Zahl. Hier war nix mit Grenze, es war der „Hafen" der Donaufähre und wir musste schlappe 52 € für eine Überfahrt von ca. 30 min berappen. Zahlbar nur und ausschließlich in Euro und in bar.

Ich also wieder raus ins Womo und aus einem unserer zahlreichen Geheimfächer 100 € rausgekramt. Der Schein zauberte ihr ein Lächeln aufs Gesicht. Ich bekam nicht nur eine maschinengeschriebene Quittung, auch das Wechselgeld erhielt ich in Euro zurück.

Gut, jetzt hatten wir alles bezahlt. Nun wollten wir uns wieder hinter den LKWs einreihen. Doch der Herr von vorhin winkte uns wieder vorbei und bedeutete uns, auf der entgegenkommenden Fahrspur nach vorne zu fahren. Völlig verunsichert näherten wir uns dieser. Vorsichtig blickten wir so weit als möglich nach vorne, konnten aber weder Gegenverkehr, noch das Ende des Weges erspähen.

Unsicher sahen wir zurück, doch der freundliche Herr winkte uns und forderte uns gestenreich auf, einfach weiterzufahren. Jawohl Herr Kapitän - volle Kraft voraus! Adrenalin ins Blut und dann so schnell wie möglich nach vorne. Schei... eine Schranke mit Kontrollhäuschen! ... und wir auf der falschen Seite!

Auf der anderen, der richtigen Seite waren mehrere Männer damit beschäftigt, die LKWs für die Auffahrt zur Fähre einzuweisen. Der Bodybuilder unter den Einweisern kam wutschnaubend zu uns und beschimpfte uns lautstark.

Ich tat das, was in solchen Situationen zu tun ist. Ich nahm einen 5 Lei Schein (etwa 1,30 €) und redete in zartem Sächsisch und genauso schnell wie er, auf ihn ein. Er nahm den Schein, beschimpfte uns noch mehr, zerknüllte ihn und warf ihn zurück ins Womo. „Nix Lei! Euro!" waren seine Worte.

Ich zuckte mit den Achseln und verneinte seinen Herzenswunsch. Was wollte der überhaupt, schließlich blockierten wir die Gegenspur und irgendwann musste er uns durchfahren lassen! Auch wenn ich keine starken Muskeln habe, habe ich doch einen starken Willen! Du nicht, dachten wir uns und entspannten uns!

Was machen wir jetzt? Nach einem kurzen Gespräch mit einem seiner Kollegen kam er wieder auf uns zu und schimpfte weiter. In einem letzten verzweifelnden Versuch zuckte ich wiederholt mit den Achseln und reichte ihm mit einem unschuldigen Lächeln erneut den 5 Lei Schein. Er riss ihn an sich, steckte ihn laut schimpfend ein, öffnete die Schranke und winkte uns bis kurz vor die Fähre.

JA, geschafft, dachten wir; standen wir doch nur 20 m von der Fähre entfernt! Und nun fuhr ein LKW nach dem anderen vorwärts auf die Fähre. Dort mussten dann die 30-Tonner auf engstem Raum wenden, was uns zu der Vermutung veranlasste, dass es sich nicht um eine RO-RO Fähre handelt und alle Fahrzeuge wieder vorwärts runterfahren müssen.

Die Fähre füllte sich zusehends. Schatzi meinte: „Weil du so unfreundlich warst, lassen die uns hier verhungern". „Weiber" - immer nur meckern, zum Glück fährt sie nicht alleine, so kann ICH immer schuld sein.

Aber dann ..., da ..., der ..., der winkt uns! Tatsächlich durften wir noch auf die Fähre fahren. Allerdings konnten wir nur noch vorwärts reinfahren und wurden zwischen zwei LKWs gequetscht. Es folgte eine langweilige kurze Überfahrt, über eine braune Brühe.

Hier war nichts zu sehen von der „schönen blauen Donau"!

Zum Glück durften wir auf der bulgarischen Seite als erste von der Fähre fahren. Als erste fuhren wir auch an den Grenzübergang. Und, auch als erste, durften wir rechts raus fahren, um an der Seite zu parken. Ein junger, sehr freundlicher Beamter erklärte uns in gebrochenem Deutsch den weiteren Ablauf.

Nun fanden wir liebgewonnene Gewohnheiten wieder. Hafengebühr 5 €, Straßenmaut für Bulgarien - alleine die Dinger als Straßen zu bezeichnen ist eine Frechheit - 11 €. Dann noch 3 Stempel einsammeln, bei der Ausfahrt die Quittung vorlegen und schon öffnete sich die Hafenschranke und gab uns den Weg in die Vergangenheit frei.

Die Straßen kaputt, die Häuser grau und alles ein wenig so, wie wir es nicht mehr kennen!

So eroberten wir die ersten Kilometer in Bulgarien und waren eher fasziniert als erschrocken vom Aussehen der Gegend. Entweder waren wir in der falschen Ecke gestrandet oder jemand hatte während unserer Donauüberfahrt eine Zeitreise veranlasst.

Hier sah es aus, als hätte jemand geschrien „Achtung, die Russen kommen!". Die gesamte Bevölkerung wäre daraufhin Hals über Kopf geflohen. Nur das diese Flucht nun schon über 20 Jahre her sein musste.

Seit dieser Zeit wälzt sich offensichtlich eine unaufhörliche Flut schrottreifer LKWs durch diesen bemitleidenswerten Ort und hinterlässt alles, was mit Dreck zu tun hat. So bleibt dieser Ort auch jeglicher Chance zur Wiederbevölkerung beraubt!

Also schnell raus hier und von Schlagloch zu Schlagloch hangelten wir uns die Landstraße weiter. Ein erster Versuch, einen geeigneten Übernachtungsplatz zu finden, endete an einem verfallenen Hof in dem anscheinend einige Straßenhunde-Züchter lebten. Wir wollten die lieben Hunde nicht stören und fuhren schnell wieder auf die Landstraße.

Ein paar Kilometer weiter entdeckten wir, abseits der Straße, ein kleines Wäldchen. Es schien ideal für uns geeignet. Der kleine Feldweg zum Rand des Wäldchens stellte unsere Bergziege vor keine Herausforderung. Unsere endgültige Parkposition fanden wir direkt hinter zwei Bäumen. So standen wir fast uneinsehbar auf einer Wiese.

Schatzi fegte sofort los und pflückte wilde Mirabellen. Umgehend war eine mittlere Schüssel voll und nun schnappte sich Schatzi so schnell wie möglich ihre Kamera und schon wurde sie eins mit der Wiese.

Als ich später zum Abendbrot rief, zeigte sie mir stolz ihre „Beute"! Ganze 156 Bilder hatte sie auf die Speicherkarte gebracht.

Die folgende Nacht wurde eher unruhig. Die wilden Mirabellen zeigen sich als sehr verdauungsfördernd.

Donnerstag – Die deutschen Türken

Gefühlte 30°C lockten uns schon früh am nächsten Morgen aus unserer Koje. Nach dem Motto, die frühe Henne fängt den Wurm,

stand Schatzi zuerst auf. Noch ehe ich mich versah, schlich sie durch die umliegenden Wiesen. Ihrer Fotosucht fielen nicht nur

Würmer, sondern auch unzählige andere unschuldige Gottesgeschöpfe zum Opfer.

„Schatzi, ist die Speicherkarte nicht bald voll?" rief ich und bekam als Antwort „Klick, klick, klick...". Na gut, dachte ich mir und ließ den Motor schon mal warm laufen. Als Schatzi endlich zustieg, hatten das Womo und ich gute „Betriebstemperatur"!

Endlich konnten wir die heutige Etappe über rund 450 km bis kurz hinter Edirne in der Türkei in Angriff nehmen. Die Fahrt durch Bulgarien gestaltete sich sehr abwechslungsreich. Immer, wenn wir aus einem Schlagloch auftauchten, konnten wir einen Blick auf ausgedehnte Ebenen und dann wieder auf wunderschönes Bergland erhaschen.

Dank einer Umleitung fanden wir in den Bergen auch einen zauberhaften Platz zum Kaffeetrinken. Für Schatzi gab es - na ihr könnt es euch schon denken - richtig, auch ein zwei Tiere zum Fotografieren.

Die gesamte Fahrt über begleiteten uns immer wieder Relikte aus der sozialistischen Vergangenheit. Überdimensionale Skulpturen, welche Symbole oder Persönlichkeiten aus dieser Zeit darstellten, tauchten am Wegesrand auf. So wurde die Erinnerung an eine längst vergangene und doch gegenwärtige Zeit immer wieder aufgefrischt.

In der nächstgrößeren Stadt hatten wir dann eine Erscheinung. Na also, geht doch - dachten wir. Hier geht es mit der Wirtschaft aufwärts. Äh, mit der Wirtschaft? Sorry mit KAUFLAND & Co und deutschen Automarken geht es aufwärts.

Westliche Autohäuser und Werbeplakate großer deutscher Einzelhandelsketten waren sichere Anzeichen dafür, dass auch hier das Markenbewusstsein nachhaltig geschärft werden soll. Es ist doch immer wieder erstaunlich, dass sich zuerst Konsumtempel verbreiten, dann Autohäuser, und, und, und ... Am Ende der Kette stehen die Menschen und die verlieren dabei etwas. Was? Jeder kann doch mal in sich gehen und nachdenken. Uns jedenfalls hat es sehr nachdenklich gestimmt.

Die Menschen lebten zum Großteil immer noch wie vor über 20 Jahren. Auch ohne dass wir die Arbeitslosenquote kannten, war diese deutlich sichtbar.

Schatzi und ich waren so in ein anregendes Gespräch über Land, Leute, Landschaft und dem Unterschied zwischen hier und jetzt und dem damals und dort – in Dresden – vertieft, als wir immer mehr Autos mit deutschen Kennzeichen bemerkten. „Hier also machen all die Deutschen Urlaub?", meinte Schatzi. „Ich dachte, die fliegen nur ans Schwarze Meer"!

„Ach mein Liebling, schau mal in die Autos", erwiderte ich. Sind die Fenster alle verdunkelt? Wir konnten kaum ins Innere sehen. Aber es war keine Folien an den Fenstern. Die Autoinsassen saßen alle dicht an dicht in den Fahrzeugen. Es handelte sich eindeutig um „Mehrgenerationen-Autos"! Und ich frage euch, welche deutsche Großfamilie fährt im 3er BMW oder im Mercedes 180 rund 2.500 km nach Süd-Bulgarien und nimmt den halben Hausrat mit? Richtig! Es waren alles türkische Familien auf dem Weg in den Heimaturlaub.

Der Verkehr stockte und dann standen wir inmitten eines Megastaus auf der A1 vor Hamburg. Halt, halt, dies ist ein Déjà-vu. Wir standen immer noch in bulgarischen Schlaglöchern, kurz vor der türkischen Grenze und hatten ein Migrationsproblem.

Wir wissen jetzt, wie es ist, auf der anderen Seite zu stehen. Um uns herum alles Autos mit deutschen Kennzeichen und doch waren wir die einzigen Deutschen mit ausschließlich deutschen Wurzel in weitem Umkreis.

Als die Kontrollstelle in Sichtweite kam und sich die Autokarawane von 10 in 3 Spuren einordnen musste, zeigten unsere türkischen Heimaturlauber ihr wahres deutsches Gesicht.

Lautstark diskutierend ließ jeder jeden einordnen und auf Türkisch grüßten sich alle gegenseitig; eben wie eine große Familie. Ja, bis wir uns dann in die Familie einbringen wollten. Da war es plötzlich vorbei mit Familiensinn. Hupkonzerte und die geballte Faust waren noch harmlos. Jugendliche stellten sich direkt vor unser Wohnmobil und zeigten uns mit dem „1 Finger Symbol", was sie von uns hielten. Um uns das Einordnen zu verweigern, wurden wir fast gerammt.

Und zu guter Letzt wurden wir dann noch als richtige „Kanaken" beschimpft. Nur schade, dass dieser passabel Deutsch sprechende Türke die Bedeutung des Wortes Kanake nicht kannte (Zitat Wiki: *Kannakermann* war im späten 19. Jahrhundert unter deutschen Seemännern eine verbreitete Bezeichnung für Kameraden aus Polynesien oder Ozeanien. Da diese im Ruf standen, besonders fähige und treue Kameraden zu sein, wurde dieser Begriff sowohl für diese Gruppe meist im positiven Sinne und oft auch als „Ehrentitel" für besonders gute Kameraden europäischer Herkunft gebraucht), denn so wurde seine Beschimpfung eher zum Kompliment. Wir verneigen und bedanken uns nachträglich.

Ruhe hatten wir erst, als Schatzi auf einen erneuten Schwall von Beschimpfungen ganz laut sagte: „Du bist schon ein richtiger deutscher Autofahrer, Integration gelungen!", dazu hob sie ihren Daumen und lächelte ihn an. Daraufhin wurden die umliegenden Autofenster geschlossen und wir standen endlich auch in einer der drei begehrten Reihen.

Und das ganze Gezeter nur, weil wir an dieser Stelle als Deutsche ohne Migrationshintergrund enttarnt wurden. Dass wir einstmals aus dem Ostteil der Republik kamen, sieht man uns ja nicht an, man hört es nur. Zwar gilt das bei vielen Zeitgenossen auch heute noch als Migrationshintergrund aber „politisch korrekt" ist es nicht!

Am liebsten hätten wir den Umstehenden zugerufen: „Sorry, wir wollen nur Urlaub machen in eurem wunderschönen Land. Wir wollen nicht einwandern und wollen auch niemandem den Arbeitsplatz wegnehmen."

So hatte der Grenzübergang nach Edirne eine Gemeinsamkeit mit vielen deutschen Stadtteilen - man blieb lieber unter sich.

Vielleicht sollten wir auch nicht die massenhaften Metamorphosen sehen, welche sich unter den weiblichen Urlauberinnen auf der Toilette vor der Grenzstation vollzogen.

Als moderne junge Frauen in westlicher Kleidung gingen sie hinein und als verschleierte, muslimisch bekleidete traditionsbewusste Frauen kamen sie wieder heraus.

Die Grenzkontrollen gestalteten sich eher leger und unkompliziert.

So betraten wir türkischen Boden mit gemischten Gefühlen und hofften, dass die Einheimischen anders sind als die aus der Fremde kommenden „Urlaubseinheimischen"!

Voller Entdeckergeist stürzten wir uns in das türkische Verkehrsgetümmel.

Begeistert über die tollen Straßen erschienen uns diese, im Vergleich zu den bulgarischen Trampelpfaden, geradezu als Super-Highways. So erreichten wir nach knapp 20 km Edirne. Sicher führte uns das Navi hier zur Selimiye-Moschee im Herzen der Stadt.

Mit großen Augen sogen wir alles in uns auf, Gebäude, Menschen, Geschäfte, nur mit der Luft hatten wir so unsere Schwierigkeiten. Diese hatte ihren Namen nicht verdient. So gestaltete sich auch unsere nächste Aktion im Wohnmobil eher zu einer masochistischen Geißelung.

Als weitgereiste Berufsnomaden hatten wir jeder ein traditionelles Gewand der Berber dabei. Schatzi ihren Kaftan und ich meinen Jalapa. Diese schienen uns die angemessene Kleidung für den Besuch muslimisch-religiöser Stätten zu sein. Auf einer unserer letzten Reisen nach Marokko konnten wir mit beiden doch immer unseren Respekt gegenüber den Einheimischen zeigen, gleichzeitig wurde uns dieser auch immer entgegengebracht.

Im Wohnmobil versuchten wir nun diese Kleidungsstücke überzuziehen. Immerhin hatten wir weit über 40°C im Womo und draußen nieselte es leicht. Also die Klamotten vom Tag ausziehen - ging noch – war aber schon nicht so einfach.

Auf Grund der Wetterverhältnisse der letzten Tage waren unsere Wechselsachen auch schon leicht feucht. Dennoch redeten wir uns ein, frische Sachen anziehen zu müssen. Nach dieser Aktion waren wir schon wieder reif für die Dusche. Und nun musste noch der Kaftan und der Jalapa irgendwie darüber gezerrt werden und das alles auf einer Grundfläche von der Größe eines Dixi-Klos.

Am Ende fühlten wir uns wie in einem Neoprenanzug mit Bademantel darüber. Aber wir wollten uns für den Besuch der Moschee entsprechend kleiden. Diesen Zweck erfüllte unsere Kleidung auf jeden Fall.

Die anderen Touristen hatten da weniger Scheu. Zum Teil mit kurzen Hosen und Muskelshirt bzw. mit knappem Top bekleidet, zollten sie der fremden Kultur ihren Respekt.

Ein Besuch der Selimiye-Moschee in Edirne lohnt sich auf jeden Fall, ist die Kuppel doch genauso groß wie die der Hagia Sophia in Istanbul, nur nicht so hoch oben.

Die Stimmung in dem Gotteshaus nahm uns sofort gefangen. Zumal hier alles sehr authentisch war. Wir hielten uns immer im Hintergrund, beobachteten die Gläubigen bei ihren Gebeten und sogen die fast mystische Atmosphäre geradezu auf. In unserer traditionellen Kleidung fühlten wir uns sehr wohl, obwohl uns die Leute neugierig betrachteten. Offensichtlich werden hier nicht viele westliche Touristen mit Kaftan bzw. Jalapa bekleidet, gesichtet.

Nachdem wir uns das Gotteshaus ausgiebig angesehen hatten, zog es uns wie unter Zwang zu den Geschäften entlang der Hauptstraße. Hier fühlten wir uns nun endgültig wie in Bademäntel gekleidet. Die Blicke der Passanten reichten von Hochachtung und Bewunderung bis zu Mitleid und Verachtung. Wobei letztere ausschließlich von nicht dauerhaft in der Türkei Lebenden kam.

Selbstverständlich wurde diese Tour nicht ohne Einkäufe beendet, denn so oder so, irgendetwas brauchen wir immer und wenn es Brot, Salat, etwas zum Knabbern, Honig oder ein wenig davon und etwas von diesem ist.

Anschließend wurde es Zeit, dass wir uns einen schönen Übernachtungsplatz suchten. Also schnell aus Edirne raus und auf Nebenstraßen Richtung Schwarzes Meer. Soweit wollten wir heute aber nicht mehr fahren. Etwa 30 km außerhalb entdeckten wir eine Seitenstraße, welche links von der Hauptstraße abzweigte und laut Navi irgendwann ans Meer führte.

Eigenartigerweise war das Grundstück zur Rechten mit Stacheldraht und einem hohen Zaun umgeben. Wer da wohl wohnt? Und der Eingang wurde bewacht! Gegenüber dem Grundstückseingang fuhren wir auf einen riesigen, aber fast leeren Parkplatz. Nicht schlecht dachten wir, dies wäre ein idealer Platz für die Nacht.

Als wir so dastanden, überlegten und den Eingang betrachteten, sahen wir, dass wir misstrauisch von den Soldaten beobachtet wurden. SOLDATEN - dann muss das eine Kaserne sein!

In dem Moment sahen wir, wie diese ihre MPs von der Schulter nahmen und sich in unsere Richtung in Bewegung setzten. Ich entschied sofort, Angriff ist die beste Verteidigung und so fuhr ich ihnen ein Stück entgegen, was dazu führte, dass sie ihre Schießeisen in Anschlag brachten.

Also hielt ich lieber an und Schatzi trat mit einer weißen Fahne - in Form eines knappen T-Shirts - dem Feind mutig entgegen. Als nächstes sah ich, wie sich die Gesichter der Soldaten beim Anblick von Schatzis „weißer Fahne" entspannten und sie zumindest ihre Waffen sinken ließen. Es begann ein angeregtes Gespräch zwischen Schatzi und den Soldaten.

Zurück im Womo berichtete sie von den freundlichen Soldaten, welche zwar kein Wort Deutsch oder Englisch sprachen, aber offensichtlich ganz begeistert von der „weißen Fahne" waren. Dennoch gaben sie ihr unmissverständlich zu verstehen, dass wir auf dem Armeeparkplatz nicht übernachten dürfen!

Ein Blick über das liebliche Umland mit seinen vielen Büschen, Bäumen und Sträuchern gegenüber der Kaserne, ließ uns dennoch auf einen netten Übernachtungsplatz in der näheren Umgebung hoffen.

So fuhren wir weiter und tatsächlich, nur wenige hundert Meter bergab führte ein kleiner Feldweg hinter eine Reihe hoher Hecken. So standen wir zwar nur etwa 20 m von der Straße weg, dafür aber uneinsehbar und die zwei Autos, die alle Stunde hier vorbeikamen, konnten wir gut verkraften.

Alles schnell in Position gebracht, Tisch und Stühle raus, etwas zu trinken dazu. Dann noch die Klamotten runter und ab in die Liegestühle. Jetzt wurde selbst der Sonne heiß bei unserem Anblick!

Zum Abendbrot gab es neben bulgarischen Resten und Sekt einen zauberhaften Sonnenuntergang. Und der Nachtisch bestand aus ...! Diese Stelle ist der Zensur zum Opfer gefallen.

Freitag – Am Schwarzen Meer

In der folgenden Nacht haben wir nicht gefroren, kein Wunder bei über 20° Grad in der Koje. Nur war die Nacht sehr kurz, denn gegen 7 Uhr hatten wir schon 25 Grad im Oberstübchen. Also wieder das übliche, Tisch und Stühle raus, Klamotten hatten wir eh noch keine an und dann „Sonnen-Kraft-voraus"!

Nach einem ausgiebigen Sonnenbad und ohne Frühstück (wir können immer erst Stunden nach dem Aufstehen etwas essen) ging es weiter. Immer parallel zum Meer und straff Richtung Istanbul. Die Strecke konnte man nicht gerade als sehr abwechslungsreich bezeichnen und so vergingen die Kilometer eher schleppend.

Auf unseren Fahrten hatte ich mir angewöhnt, immer Ausschau nach besonderen Sachen am Straßenrand zu halten. Und so erspähte ich auch auf dieser Strecke einige übereinander gestapelte blaue Kästen am Straßenrand. Diese hatten schon von weitem eine gewisse Ähnlichkeit mit Bienenkästen und dann erspähte ich auch noch einen Tisch mit Gläsern darauf. Im nächsten Moment stand ich auch schon auf der Bremse und Schatzi entfuhr ein Schrei, welcher mir bekannt vorkam.

Kurz hinter den blauen Kästen brachte ich unsere Bergziege zum Stehen. „Was ist denn nun schon wieder los?", das war Schatzis typische Frage nach solch einer Aktion von mir. „Aber Liebling, du magst doch Honig und hier gibt es welchen." „Was?" „Ja, hier verkauft jemand Honig und ich glaube es handelt sich nicht um Industriehonig!"

„Ich liebe dich mein Schatz. Was du so immer alles entdeckst", meinte Schatzi. Dafür bremse ich doch gerne - ich sollte mir einen Aufkleber machen lassen, „Ich bremse auch für Honig" oder „Ich bremse auch für Schatzi!"

Hinter einem Busch kam ein älterer Mann hervor, welcher uns freundlich, fast schüchtern, begrüßte. Wir hatten das Gefühl, das er uns im feinsten „Hochgebirgstürkisch" ansprach. Nicht das wir zwischen diesem und „normalem" Türkisch unterscheiden könnten, aber alleine seine Zahnvielfalt ließ Zweifel an einer korrekten Aussprache aufkommen.

Verstehen konnten wir ihn zwar sprachlich nicht, aber wir „verstanden", dass er verschiedene Honigsorten verkaufte. Wie das immer so ist, mit Händen und Füßen geht das am besten. Schatzi war total begeistert, was er für Honig zu verkaufen hatte. Probieren durfte sie auch und so kam es wie es kommen musste, wir kauften drei große Gläser besten Landhonig. Von jeder der drei Sorten bzw. drei Qualitäten kaufen wir jeweils ein Glas. Hier wurde uns auch das erst mal klar, dass die Türkei kein „Billigreiseland" ist, kam doch jedes 1 kg Glas Honig umgerechnet über 10 €. Leider reichte unsere „Hand und Fuß" Sprache nicht aus, um zu verstehen, um was für Honig es sich genau handelte.

Spielt dies eine Rolle? Da wir die Umgebung und im hinteren Teil des Grundstücks die Bienenstöcke sehen konnten, hatten wir keine Zweifel, keinen Honig aus „EG und nicht EG Staaten", sondern reinen Naturhonig zu kaufen. Nachdem wir das Geschäftliche erledigt hatten, bot er uns noch etwas an. Zumindest deuteten wir seine Worte und Gesten so. Irgendwie war uns die Sache aber mächtig unheimlich. Ich würde uns zwar schon als weltoffen und vielgereist bezeichnen, aber ab und zu kommt der verklemmte Deutsche doch durch und so sagten wir freundlich: „Nein Danke!".

Ihr fragt euch sicher, was er uns angeboten hat. Das fragten wir uns auch und aus den Wortfetzen, welche wir später im Womo analysierten, entstand das Wort „Tee"! Ah, er hatte uns zum Tee eingeladen. Wir griffen uns beide an den Kopf und wunderten uns über uns selbst.

Wie versaut und misstrauisch sind wir durch unser Leben geworden. Wir sind schon nicht mehr in der Lage, eine gastfreundliche Geste von einer südländischen Abzocke zu unterscheiden. Oder sind wir zu oft mit der Zweiten konfrontiert worden? Hätten wir einfach etwas mehr nachgedacht! Wieso sollte uns hier draußen, fast 100 km von der nächsten Touristenstadt entfernt, jemand abzocken wollen?

Aber über so etwas dachten wir erst viel später nach. Danach nahmen wir uns wenigstens vor, bei nächster Gelegenheit, dem Unbekannten wieder mehr Vertrauen entgegen zu bringen.

Mit neuem Honig und einer neuen Geschichte beladen, rollten wir dann weiter Richtung Schwarzes Meer. Doch war der Weg dorthin wirklich steinig! Und dies im wahrsten Sinne. Natürlich wollten wir keine große Straße bis ans Meer fahren. Uns liegt eher das „Anschleichen"! Dementsprechend waren aber auch die Straßenverhältnisse.

Eine Straße zum Beispiel bestand überwiegend aus kleinen Schottersteinen mit viel Staub gemischt. Es schien zuerst, als seien alle Bäume und Sträucher am Wegesrand von einer Krankheit befallen. Auf allem lag eine weißlich staubige Schicht und tauchte das Ganze in ein unwirkliches Licht.

Nach einiger Zeit wurde uns dann klar, dass es sich um eine reine Staubschicht handelte. Trotz der schlechten Straßenverhältnisse fuhren alle einen zügigen Schnitt und wirbelten dadurch jede Menge Dreck auf. Dieser legte sich dann auf die umliegenden Pflanzen und so entstand das gespenstische Bild.

Als wir schon glaubten, in einer Kiesgrube zu enden, entdeckten wir doch noch das Meer.

Da lag es vor uns, im gleißenden Sonnenschein - das Schwarze Meer! Und da erspähten wir, unterhalb einer Kiesgrube, auch einen Strand. Ja ihr habt richtig gelesen, unterhalb einer Kiesgrube.

Auf einem Berg und an dessen Flanken fuhren große gelbe, mit Sand beladene LKWs im Minutentakt ihre, zum Ausbau Istanbuls, dringend benötigte Fracht weg.

Wir überlegten kurz, in wieweit der Strand sich für eine Übernachtung eignete. Die Entscheidung fiel positiv aus. Auf dem Zufahrtsweg versperrte uns eine Schranke die Zufahrt zu unserem ausgewählten Stück Paradies. Ihr müsst wissen, wir versuchen soweit es geht Campingplätze oder Ähnliches zu vermeiden. Um was für eine Einrichtung es sich hier handelte, erschloss sich uns nicht wirklich. Rückblickend könnten wir den Platz als bewirtschafteten Strandabschnitt bezeichnen.

Aber außer zwei Großfamilien in Hauszelten übernachtete hier niemand. Alle übrigen Besucher waren Tagesgäste. Der Platz, welcher nur etwa 50 m vom Meer entfernt war, erschien uns dennoch einfach zu verlockend, um weiter zu fahren.

So bezahlten wir die 5 € Gebühr pro Person gerne. Obwohl es offensichtlich war, dass die sanitären Einrichtungen nicht im Entferntesten dem entsprachen, was wir uns unter solchen vorstellen. Aber, erstens hatten wir unsere eigene Toilette und das eigene Wasser dabei und zweitens war der Platz einfach zu schön.

Nachdem wir uns und unsere Bergziege „ausgerichtet" hatten, galt es zuerst Badesachen anzuziehen und dann ab ins Meer.

Da ich gut oben ohne gehen kann (auch wenn es nicht so schön aussieht), war ich als erster fertig. Schatzi musste erst noch alles verstauen (dies sieht dann schöner aus – als bei mir).

Je näher wir dem Meer kamen, um so mehr verflog das Bild vom paradiesischen Strand. Im Sand wechselten Disteln mit Müll und so wurde der Weg eher zu einem Hindernislauf, als zu einem

Strandspaziergang.

Wir hatten die Wahl zwischen Schmerzen und Ekel. Dennoch schafften wir es unbeschadet ans Wasser. Dort wartete die nächste Überraschung. Wir mussten uns erst eine halbwegs saubere Stelle suchen, um das kühle Nass genießen zu können. Mit anderen Worten, wir waren schockiert, wie schmutzig Wasser und Strand waren. Aber bei gefühlten 50 Grad Lufttemperatur wird der verwöhnte Abendländer sehr flexibel in seinen Anschauungen.

Vom Schmutz abgesehen war es einfach nur herrlich. Nach dem Baden und Duschen saßen wir vor unserem Womo im Halbschatten und sahen mit einem Glas Sekt dem Sonnenuntergang entgegen.

Später schaute dann der „Platzwart" noch bei uns vorbei. Als er bemerkte, dass wir uns anschickten, neben dem Womo den Tisch zu decken, lächelte er und räumte eine abseits stehende Tonne beiseite. Dies tat er nur, damit wir einen ungehinderten Blick auf den Strand und das Meer hatten. Obwohl wir kein Wort miteinander gewechselt hatten, fühlten wir uns hier willkommen!

Da es hier nicht so viel zu fotografieren gab, haben wir gemeinsam den Tisch gedeckt und uns dann einem ausgiebigen Abendbrot gewidmet.

Anschließend freuten wir uns nach nur 200 Tageskilometern auf eine schöne warme Nacht. Und unsere Erwartungen wurden bei Weitem übertroffen.

Samstag - Istanbul

Der Tag, an dem wir Istanbul erreichen sollten, brach an. Dieser Tag ging schon gut los.

Nach einem erfrischenden Bad im Meer saßen wir beim Frühstück, als im gegenüberliegenden Naturreservat eine Herde Wildpferde auftauchten. Diese boten uns dann ein wirklich wildes Schauspiel. Ein schwarzer Hengst ließ seinen Gefühlen freien Lauf und protzte nicht nur mit seiner Männlichkeit, sondern ließ nichts unversucht, die Stuten von selbiger zu überzeugen.

So wurden wir zum Frühstück schon auf den Abend einge-
stimmt. Nachdem wir unseren zauberhaften Strandplatz verlassen
hatten, begegneten uns auf dem Weg nach Istanbul immer wieder
zum Teil sehr große Picknickplätze. Hier mussten die Istanbuler ihre
Wochenenden verbringen. Aufgrund der Anzahl der Plätze wurde
uns klar, wir nähern uns einer großen, einer sehr großen Stadt, eben
einer 12 Millionen Stadt.

Der Verkehr nahm spürbar zu und dann war es soweit, an einer
Brücke das erste Schild - Welcome to Istanbul! Was da noch in Türkisch stand, war leider auch mit unserem elektronischen Wörterbuch
nicht zu entziffern.

Bei dieser Gelegenheit ein Tipp, unbedingt mit einem oder mehreren Wörterbüchern auf Reisen gehen. Braucht man nicht, der Kauf
hält aber unsere Wirtschaft in Schwung. Bevor wir daran denken, die
Dinger einzusetzen, haben wir die Situation schon mit Händen und
Füßen geklärt.

Ehe wir uns versahen, kam schon der Bosporus in Sicht. Der
Verkehr spülte uns unaufhörlich auf die Europabrücke, welche über
den Bosporus führt, und damit auf die asiatische Seite von Istanbul
zu. Als Schatzi merkte, dass wir nun den Bosporus überqueren würden, wühlte sie die Kamera raus und fing an zu knipsen, was der
Speicherchip hergab.

Zu Hause, bei der Sichtung der Urlaubsfotos, hatten wir das
zweifelhafte Vergnügen, eine Unmenge von Brückendetailfotos unser Eigen zu nennen. Es fanden sich viele Bilder mit Brückenpfei-
lern, Brückengeländern, Spannseilen, mit Teilen der Straßenmarkie-
rung und ähnlichen Höhepunkten der neuzeitlichen Brückenbau-
kunst. Auf einigen Fotos war im Hintergrund sogar noch der Bosporus zu erahnen.

Zu Schatzis Ehrenrettung muss gesagt werden, dass auch zwei
drei Fotos dabei waren, auf denen viel Bosporus und nur wenig
Spannseile zu sehen sind. Außerdem war es sehr schwierig, bei

meinem Fahrstil auch nur halbwegs vernünftige Bilder von der Brücke aus zu machen.

Vor lauter Bosporus knipsen verpasste Schatzi allerdings das „Welcome to Asia" Schild zu fotografieren und so durfte ich später die Brücke noch zweimal überqueren nur um dieses Schild in den Kasten zu bekommen. Schatzi ich liebe dich - trotz alledem! Schon wenige Augenblicke später wurde mir dies wieder sehr bewusst.

Am Ende der Brückenquerung erwartete uns eine Mautstelle. Preisschilder oder ähnliches, wie wir es aus anderen europäischen Ländern kennen, waren nirgends zu entdecken und so hielten wir, wie viele andere auch, rechts an. Dort befand sich offensichtlich eine separate Mautstation.

Schatzi machte sich nun freudestrahlend auf den Weg zum Zahlhaus. Völlig in Gedanken war sie in ihrer „Fahrtkleidung", einem kurzen Kleid mit wenig drunter ausgestiegen. Als ich sie so beobachtete, stellte ich mir die Reaktion der Mitarbeiter in der Mautstelle vor und grinste schon vorab.

Zurück kam sie mit einer Art Kreditkarte, welche uns das Überqueren der Brücke einen Monat lang ermöglichte. Dann stieg sie grinsend wieder ein und meinte: „Die waren alle sehr freundlich und entgegenkommend zu mir". „Kein Wunder, bei deinem Outfit hätte ich dich kostenlos rüber gelassen" erwiderte ich. Für diese Bemerkung kassierte ich von Schatzi einen „liebevollen" zarten Schlag auf meine Phantasiebehausung!

Wir passierten die Mautstelle auf der asiatischen Seite und machten uns daran, einen Parkplatz zu suchen.

Da es noch früh am Tag war, hatten wir keine Schwierigkeiten in Ruhe am Bosporus entlang in Richtung Fähranleger Üsküdar zu fahren. Und tatsächlich, nach über 2.900 km Fahrtstrecke endete der erste Teil unserer Reise nur einige Meter hinter dem Anleger. Hier hielten wir rechts an und überlegten gerade, ob wir hier parken sollten oder könnten, als uns ein freundlicher Herr in gelber Weste aufforderte, uns ganz an den Anfang der Parkreihe zu stellen. So könnten wir jederzeit ungehindert wieder wegfahren. Super! Wir entrichteten die Tagesparkgebühr in Höhe von 5 € und beglückwünschten uns zu dem Parkplatz.

Nachdem wir uns umgezogen und das Wohnmobil - übrigens wieder einmal völlig unnötigerweise - gegen unberechtigten Zugriff verbarrikadiert hatten, zogen wir aus, Istanbul zu erkunden.

Die Erlebnisse begannen schon unmittelbar nachdem wir unsere Bergziege verlassen hatten. Wir parkten direkt gegenüber einigen Imbissläden und deren Betreiber suchten sofort das Gespräch mit uns. Als wir ihnen klarmachten, dass wir mit dem Wohnmobil aus Hamburg kommen, wurden wir freundlich begrüßt und sowohl unsere Bergziege als auch wir ernteten bewundernde Blicke. Unsere silberglänzende „Klebebandstoßstange" zauberte ein weiteres breites und verständnisvolles Grinsen auf Ihre Gesichter.

Mit jedem Meter Istanbul zog uns die Stadt mehr in ihren Bann. Das Wetter und die Luft waren einfach nur herrlich. Durch den Bosporus bedingt, wehte ein stetes Lüftchen und machte den Aufenthalt sehr angenehm.

Wir schlenderten durch ein lärmendes Knäuel aus diversen Fahrzeugen und Menschen. Alle bewegten sich in alle Richtungen, die einen zu den Fähren, die anderen von den selbigen weg. Wir mittendrin, richtig dabei und mit allen Sinnen alles erfassend. Die Fähranleger von Üsküdar waren nicht zu übersehen. Hier begann die Suche nach der richtigen Fähre und eine Fahrkarte sollten wir auch noch haben.

Zuerst versuchten wir jemanden zu finden, der Deutsch spricht. Dachten wir doch immer, die Türken sprechen es alle. Das scheint aber nur in Hamburg-Wilhelmsburg der Fall zu sein und selbst dort spricht bei Leibe nicht jeder Deutsch! Übrigens ein sehr interessanter Stadtteil und wer ohne Vorurteile ist, sollte diesen unbedingt besuchen. Bei 12 Millionen Istanbulern fanden wir in diesem Moment leider keinen.

Wie in jeder anderen Großstadt, so fanden sich auch hier viele freundliche Helfer. Ein ungläubiger Blick auf die Automaten reichte, und schon wurden wir auf Türkisch angesprochen. Dem Klang der Worte nach wollte man uns helfen und so zeigten wir auf dem Stadtplan, wohin es gehen sollte. Kurze Zeit später konnten wir schon ganz alleine eine Fahrkarte kaufen. Die Fährschiffe hatten Ähnlichkeit mit den Ausflugsdampfern im Hamburger Hafen, nur das diese mehr Vertrauen ausstrahlen als ihre türkischen Gegenstücke.

Kaum auf der ersten Fähre, suchten wir, wie es sich für gute Touristen gehört, umgehend das Oberdeck auf. Wir saßen gerade, als auch schon ein Kellner mit frischem Tee durch die Reihen ging. Für umgerechnet 1 € erstanden wir zwei Gläser frisch aufgebrühten Tee und schon hatte sich die erste Gewohnheit bei uns eingestellt.

Wir beschlossen, bei jeder Überfahrt einen Tee zu trinken. Dieses Ritual brachte Ruhe in den Tag und ermöglichte uns gleichzeitig, den Bosporus, die Stadt, die Überfahrt, einfach alles mit anderen Augen zu sehen und mit anderen Sinnen zu genießen.

Schon vom Bosporus aus konnten wir den europäischen Stadtteil vor lauter Minaretten kaum sehen. Hier auf der Fähre schlug endlich mal wieder meine Stunde und ich durfte zum Einsatz an der Kamera schreiten. Ich sage euch, diesmal glühte der Auslöser unter meinen Fingern. Boten sich doch immer wieder neue Blicke auf die Europabrücke, den Topkapi Palast, verschiedene Moscheen, das Goldene Horn und und und, auf eben alles!

Da es erst gegen 10 Uhr morgens am Samstag war, hielt sich der allgemeine Menschenandrang in Grenzen. Später sollten wir noch ganz andere Erfahrungen machen, obgleich nie Hektik aufkam.

Am Anleger Eminönü angekommen, wurden wir uns der Tatsache, dass wir nun wieder in Europa waren, nicht bewusst. Sah es doch hier genauso exotisch aus, wie auf der asiatischen Seite. Was man als Mitteleuropäer aber auch manchmal für Vorstellungen entwickelt?! Als wenn auf der einen Seite Hunde als Haustiere und auf der anderen Seite als Vorrat im Kühlschrank gehalten würden!

Obwohl es jetzt schon fast 30° Grad hatte, wurde hier außer

Getränken nicht viel im Kühlschrank aufbewahrt. Beispielsweise wanderten so die Fische an den unzähligen Fischgrillständen direkt vom Korb auf den Grill. Der Duft von gebratenem Fisch kämpfte verbissen und mit aller Verlockung gegen den Geruch, welcher Fisch verursacht, der kurz vorm Sonnenstich steht.

Gut, dass wir auf der asiatischen Seite schon einen kleinen Frühstückssnack hatten, sonst hätte Schatzi hier bestimmt einen gestrigen aber frisch gebratenen Fisch essen wollen.

„Schatzi, willst du rechts oder links rum? Was sagt denn DEIN Reiseführer?", fragte ich sie. Ihr müsst wissen, in solchen Situationen ist es Schatzis Reiseführer - schon aus Prinzip! Schatzi studierte kurz ihren Reiseführer und wie üblich bot sie an: „Wir können rechts rum gehen, da kommen wir zu ...! Oder wir gehen links rum, dann kommen wir zur ...!" Tolle Antwort! Also schlenderten wir erst dorthin dann dahin und dann doch wieder in die andere Richtung. Bis dann die zaghafte Anregung kam, wir könnten zuerst in die Moschee vor unserer Nase gehen.

Und so standen wir wenige Augenblicke später in der Neuen Moschee und ließen uns von der Umgebung, den Gebeten und den Geräuschen in eine andere Welt entführen. Ich weiß ja nicht, wie es euch geht, aber Schatzi und ich werden immer ganz leise und andächtig, wenn wir einen solch religiösen Ort betreten.

Beide gehören wir keiner Glaubensgemeinschaft an, aber in bestimmten Situationen glauben wir auch!

Wenn man bereit ist, alles auf sich wirken zu lassen und das Andere auch zuzulassen, dann ist der Glaube, den viele empfinden, fast spürbar. Allerdings drangen die Geräusche der Großstadt bis in den letzten Winkel der Moschee vor. So blieb uns die mystische Atmosphäre hier verborgen.

Wieder draußen in der 12 Millionen Wirklichkeit, wendeten wir uns direkt dem nächsten empfohlenen Highlight zu. Der Topkaki Palast sollte es nun sein. Schatzi nutzte meine, noch unter dem Eindruck der Neuen Moschee stehende - tief berührte - Weltenseele und machte mir eine Besichtigung des Topkapi Palastes schmackhaft. Ich willigte ein und wir stiegen die engen Gassen hinauf zu selbigem.

Dort angekommen, schlug meine Sozialphobie ohne Gnade zu. Die Menschenmassen versetzten mich in eine Art Schockstarre. Aus dieser kann mich normalerweise nur Schatzi mit liebevollen Handlungen retten. Hier hatte ich allerdings das Gefühl, dass ihr mein Schockzustand ganz recht war. Konnte sie mich doch ohne Widerstand erst zur Kasse und dann durch den Eingang schleifen.

Nachdem wir je 10 € für die Erhaltung des Weltkulturerbes bezahlt und die Sicherheitsschleusen des „Weißen Hauses" passiert hatten, durften wir den Park der Anlage betreten. Hier wimmelte es von zahlreichen Menschen verschiedener Herkunft und Hautfarbe. Unkompliziert konnten wir uns in den fließenden Verkehr einreihen und zogen gemeinsam mit hunderten anderen Touristen unsere Bahnen über das Gelände. Als wir uns einem prächtigen kleinen Gebäude näherten, wichen plötzlich all meine Phobien von mir. Auf einem goldenen Schild über dem Eingang stand „Harem"!

Aber genau wie auf der Reeperbahn, so kam auch hier erst Kohle dann Vergnügen! Hier sollte der Eintritt zwar nur 6 € kosten, aber dafür gab es auch nur alte Mauern und keine Jungfrauen. Obwohl, die gibt es auch für mehr Geld auf der Reeperbahn nicht!

Beim Anblick der Massen, die in den Harem strömten, begann meine Sozialphobie sofort wieder ihre Arbeit. Da half auch eine Pause nichts. Meine Stimmung war im Papierkorb vorm Harem geblieben.

Der Versuch, im angrenzenden Restaurant eine Kleinigkeit zu essen, machte die Sache nur noch schlimmer. Die Kombi aus „Anblick der Speisen" und „Anblick der Preise" gab mir den Rest und selbst Schatzi veränderte ihre Gesichtsfarbe. Hier war das Preis-Leistungs-Verhältnis eine einzige Katastrophe.

Wir reihten uns unverrichteter Dinge wieder in die Schar der zahllosen Besucher ein und liefen weiter mit dem Strom. Doch fanden wir auch immer wieder Ecken in dem weitläufigen Areal, welche noch nicht mit internationalen Duftwolken verseucht waren. Sogar Vogelgezwitscher konnten wir mancherorts vernehmen. An den Hauptbesichtigungspunkten übertönte jedoch das Stimmengewirr jedes andere Geräusch.

Fazit des Besuchs: Der Topkapi Palast gehört nicht zu den „1.000 Orten, die man in seinem Leben besucht haben muss"!

Nachdem wir diesen Ort der Phobien verlassen hatten, schmachtete Schatzi mich an und meinte: „Sieh mal Dicker, dort ist gleich die Hagia Sophia." „Nein, bitte nicht! Siehst du nicht die vielen Menschen? Es ist so warm, ich habe Hunger und gleich werde ich zur Diva und das willst du doch nicht, oder?" hielt ich dagegen. Das wollte sie wirklich nicht!

So zogen wir weiter auf der Suche nach etwas Essbarem. Aber außer einigen - ich hatte das Gefühl - goldenen Melonenstücken (eine dünne Scheibe kam 2 €) gab es hier nichts zwischen die Zähne.

Zielsicher steuerten wir nun auf das nächste Unheil zu. Doch erst tarnte sich dieses noch in Form eines Postkarten-Motivs. Blauer Himmel, strahlender Sonnenschein, ein schöner großer Springbrunnen und dahinter die 6 Minarette der Blauen Moschee. Oh nein, nicht so ein Touristenmotiv! Und doch, Schatzi vorm Brunnen, die blaue Moschee im Hintergrund, dazu Sonne und blauer Himmel! Wir sind eben doch ganz normale Touristen.

Nach dem kleinen Fotoshoting schlenderten wir denn auch zur Blauen Moschee, um diese zu besichtigen. Schon auf den Zugangswegen bekam ich Platzangst, diese wurde im Innenhof der Moschee von einem Anfall extremer Sozialphobie begleitet.

Ein Gemisch aus verschiedenen Leibern drängte sich den Eingängen zu. Aus den danebenliegenden Türen quollen ebenso viele wieder ins Freie. Schatzi dirigierte mich zartfühlend um die Moschee herum. Offensichtlich suchte sie dort Ruhe und Entspannung für meine geschundene Seele.

Doch als wir sahen, was uns am Seiteneingang erwartete, traf uns beide fast der Schlag. Die Seiteneingänge waren den ausländischen Touristen vorbehalten. So stand dann hier auch der Inhalt unzähliger Reisebusse schnatternd und gackernd in Zweierreihe an und harrte auf Einlass.

Über den Köpfen der Wartenden vermischte sich der schwere Duft von 4711, AXA Sportiv und Deo mit 40 Grad in der Sonne. Abgefüllt wäre dieses Gemisch als Giftgas zum Einsatz gekommen.

Wir zogen es vor, naserümpfend und über die vielen Touristen schimpfend, das Weite zu suchen. Als wir uns gerade über uns und Unseresgleichen beschwerten, sprach uns ein nett lächelnder kleinerer Türke auf Deutsch an. Er pflichtete uns bei und beklagte sich ebenfalls über die vielen Bustouristen. „So kann man doch ein Land nicht kennenlernen" sagte er und zog weiter über die vielen Pauschalreisenden her.

So individuell wie wir, reist doch keiner mehr. Wenn sich jemand so auf meine Seite stellt, schrillen doch alle Alarmglocken. Schatzi pflichtete ihm bei und war schon versucht, seiner Einladung zu einem Tee bei ihm zu Hause zu folgen. In mir wuchs das Misstrauen mit jedem Wort. Klangen doch seine Worte zu einschmeichelnd und als er dann noch die Lederfabrik seines Schwagers erwähnte, war die Katze aus dem Sack.

Freundlich aber bestimmt lehnte ich sein Teeangebot ab. Daraufhin versuchte er, uns ein schlechtes Gewissen einzureden. Er fing an, über unsere deutsche Zurückhaltung zu philosophieren und versuchte immer wieder, uns Vertrauen einzureden. Das war mein Stichwort und nun fing ich an und redete ihn an die Wand.

Wer mich kennt, weiß, wenn ich schnell spreche, kommt das Sächsisch wieder richtig durch. Und so hatte er keine Chance gegen mein philosophierendes Sächsisch. Nach einem kurzen und freundlichen Wortwechsel musste er sich meinen Argumenten beugen und ließ uns, nicht ohne freundliche Verabschiedung, von dannen ziehen.

„Der türkische Teeverkäufer war wirklich gastfreundlich" meinte Schatzi. „Aber der Deutsch-Türke wollte wirklich nur unser Geld" entgegnete ich. Dann lachten wir beide und amüsierten uns noch tagelang über diese Begegnung und wie wir sie gemeistert hatten. Denn aus dem Glas Tee wären bestimmt 3 Lederjacken und 2 Teppiche geworden. Also doch etwas auf Reisen gelernt; eine gute Portion Misstrauen kann helfen, Geld zu sparen.

Nach diesen Erlebnissen wurde es Zeit, die Stadt wieder auf uns wirken zu lassen und zu genießen.

Ergo suchten wir uns ein nettes Café, welches wir etwas außerhalb des heiligen Geländes dann auch fanden. Ein kleines unaufdringliches Café im Schatten der großen Mauer, welche das Gelände der Blauen Moschee umgibt. Platz nehmen durften wir auf winzigen Hockern, an winzigen Tischen. Diese waren mit orientalischen Motiven versehen und so fühlten wir uns, als wären wir bei Beduinen zu Gast.

Einen kleinen Imbiss und einige Erfrischungsgetränke später machten wir uns wieder auf den Weg. Schließlich wollten wir mehr von Istanbul sehen, als die Reiseführer Sehenswürdigkeiten. Wir erkundeten die Gassen und Basare Istanbuls in Richtung Galata Brücke und ließen uns einfach treiben.

Beim Überqueren der Brücke mussten wir uns von unzähligen Kellnern anquatschen lassen und jeder versuchte uns von den Vorzügen und Preisangeboten seines Restaurants zu überzeugen. Denn die Galata Brücke ist, in Höhe des Wasserspiegels, gesäumt von Restaurants und Bars.

Um gut durch diese Touristenfallen zu kommen, hat es sich bewährt, immer freundlich lächeln, nein sagen, starr geradeaus sehen und zügig weitergehen. Um Gottes Willen, nur nicht stehen bleiben und den Kellner ansehen. Dann ist man verloren oder ihr betrachtet das, was dann folgt, als Training für das nächste Gespräch mit eurem Chef.

Stellt euch vor, dieser will euch mit all seiner Freundlichkeit, sanftem aber bestimmtem Druck und geschulter Überzeugungskraft neue Aufgaben und mehr Arbeit schmackhaft machen, selbstverständlich ohne euch dafür mehr Geld bezahlen zu wollen. Ihr sitzt ihm gegenüber und erwidert immer, nein, vielen Dank, ich hab schon genug, nettes Angebot aber ich kann nicht, NEIN! Eine wunderbare aber anstrengende Übung.

Irgendwie verpassten wir den richtigen Weg zur Istiklal Rd. der bekannten Einkaufs- und Flaniermeile Istanbuls, welche am Taksim Platz endet. So erkundeten wir zwangsläufig Gassen und Plätze, die kein normaler Tourist zu sehen bekommt und lernten ein anderes Stück Istanbul kennen - das der hier lebenden Türken.

Schließlich erreichten wir doch die Fußgängerzone, hatten aber keine Lust mehr, die gesamte Straße bis hoch zum Taksim Platz zu erkunden. So entschlossen wir uns wieder Richtung Goldenes Horn zu bummeln und lieber noch einen Kaffee zu trinken.

Plötzlich entdeckten wir noch einen großen Turm. Wie sich rausstellte, der älteste Turm Istanbuls – der Galata Turm. Die Aussicht von da oben erschien uns als idealer Punkt, um sich einen Überblick über die gesamte Stadt zu verschaffen. Also durfte Schatzi – sie wollte ja unbedingt hoch – sich in die wartenden Touristen einreihen und ich fotografierte noch den Turm und dies und das.

Wie erwartet, war die Aussicht atemberaubend; der Kuschel- faktor auf der Plattform lag bei 95%. Der umlaufende Gang war kei- nen Meter breit und der Strom der Touristen bewegte sich wie eine Kompassnadel auf einem Magneten immer hin und her.

Ich bekomme heute noch Gänsehaut, wenn ich daran denke, wie sich die unterschiedlichsten Gewichts- und Geruchsklassen von Tou- risten auf dem einen Meter breiten Gang aneinander vorbei drängten. Kinder nach ihren Eltern schrien, knipsende Asiaten sich den ver- meintlich besten Platz erkämpften und sich verliebte Paare, in dieser überaus romantischen Umgebung unbedingt ausgiebig küssen muss- ten. Durch die unzähligen Arme, die zum Fotografieren oder um Platz zu sparen in die Höhe gehoben wurden, hätte man eine klini- sche Untersuchung über die verschiedenen Stadien und Formen von Achselbehaarung durchführen können. Jetzt bitte kein Kopfkino, sorry!

Wohlbehalten unten angekommen, widmete ich mich wieder den schönen Dingen im Leben - Schatzi! Vom Turm aus traten wir den Rückweg über die Galata Brücke an. Am Fuß der Brücke angekommen, wurde es für uns wieder interessant.

Im Fußgängertunnel unter der Brücke entdeckten wir einen Stand, an dem Eismandeln verkauft wurden. Für umgerechnet 2,50 € bekamen wir ca. 100 g Mandeln aus einem Kühlfach. Diese waren nicht nur überdimensional groß, sondern auch überdimensional kalt. Aber geschmeckt haben sie einzigartig. Ich sage euch, es war ein Hochgenuss. Wir wissen nicht, wie diese hergestellt wurden, aber bei diesen Temperaturen war es genau das Richtige!

Wir überlegten noch, an der Galata Brücke etwas zu essen. War doch die Brücke auf beiden Seiten gesäumt von Restaurants. Nach dem stundenlangen Stadtbummel bei über 30° Grad, fühlten wir uns etwas mitgenommen. Beide hatten wir den Eindruck, schon seit Tagen auf einer Wanderung zu sein.

Also bestiegen wir die Fähre zurück nach Asien. Selbstverständlich nicht ohne unseren obligatorischen Tee auf der Fähre zu trinken.

Zurück am Wohnmobil begrüßten uns die Händler der umliegenden Geschäfte schon wie alte Bekannte, mit einigen türkischen Worten und einem freundlichen Lächeln.

Wir rein in den Backofen von Wohnmobil und auf der Stelle verflüssigte sich der Staub des Tages auf unserer Haut. Die Klamotten fielen, als hätten wir schon 3 Tage, ... na ihr wisst schon! Dabei wollten wir nur so schnell wie möglich unter die Dusche.

Das erste Wasser, welches aus der Leitung floss, verbrühte mir fast die Haut. Kein Wunder, unser Womo stand ja auch den ganzen Tag in der prallen Sonne und so hatte sich das Wasser in den Leitungen aufgeheizt.

Ihr staunt, dass ich zuerst unter der Dusche stand? Bitte, welche Frau kann die „Schnäppchen des Tages" achtlos beiseitelegen und einfach duschen gehen? Dies schaffen nur Männer! Schatzi betrachtete erst noch einmal ihre Beute des Tages. Alles wurde noch mal angehalten, die Qualität begutachtet, im Kopf nochmal der Preis gegengecheckt, dann wurde alles verstaut und dann ...? Dann war ich schon wieder durchgeschwitzt und Schatzi stieg gerade erst unter die Dusche.

Als wir kurze Zeit später das Womo verließen, staunten die Händler nicht schlecht. Sie sahen uns an wie Außerirdische. Wie war es möglich, dass wir frisch geduscht und in neuen Klamotten das Womo wieder verließen? Um eine Antwort auf diese wichtige Frage zu bekommen, suchten einige das Gespräch mit uns. Wobei hier das Wort Gespräch sehr wage das beschreibt, was auf dem Gehweg stattfand.

Unsere Unterhaltung hätte uns unter anderen Umständen für die pantomimische Darbietung durchaus einige Euro einbringen können! Nachdem wir den Neugierigen die Türen zum Womo öffneten, klärte sich alles auf. Als sie unsere Bergziege von innen sahen, dachten sie bestimmt, ah, Chaoten auf der Durchreise. Wie in einem deutschen Wohnmobil sah es bei uns bestimmt nicht aus!

Fein rausgeputzt machten wir uns auf den Weg, Istanbul bei Nacht zu erkunden. Vorher wollten wir uns aber noch stärken. Ich brannte auf einen Döner aus dem Dönerland. Ein großes Fladenbrot gefüllt mit FLEISCH, Knobi, Zwiebeln und wenn noch Platz ist, Salat. Dann mit beiden Händen zupacken, meine Zähne in das Brot und ins Fleisch jagen, wie unsere Vorfahren es einst taten und sich dabei freuten, wie erfolgreich die Jagd war.

Und was wollte Schatzi? „Lass uns irgendwo schön hinsetzen und vielleicht Fisch essen. Schließlich sind wir hier am Meer und da sollte es doch überall frischen Fisch geben". Ja, wie frisch der Fisch hier sein kann, hatte ich noch deutlich in der Nase. Na gut, was tut Mann nicht alles für ein paar schöne Minuten, äh Stunden, Wochen, ach was sage ich Jahrzehnte!

So fragte ich sie: „Wo willst du denn essen gehen?" Das war ein Fehler! Nun ging es los: „Sieh mal da! Dort drüben sitzt man schön.

Hier gibt es lecker Fisch. Dort könnten wir direkt am Wasser sitzen und dort ganz weit oben." Und, und, und, ihr kennt das bestimmt!

Nach gefühlten 5 km Fußmarsch und 347 Restaurantbesichtigungen später kehrten wir fast an den Ausgangspunkt unserer Suche zurück. Inzwischen war mir alles egal, ich wäre auch in ein Schuhgeschäft gegangen. Hauptsache sitzen, trinken und essen.

„Schau mal, dort oben sitzt man bestimmt sehr schön und hat noch einen Ausblick über den Bosporus." „Hmm, den Ausblick hätten wir vor einer Stunde auch schon haben können", meinte ich, schon etwas leicht angeschlagen. „Dann hättest du ja gleich sagen können, dass du hierher möchtest", kam es von Schatzi zurück. Ich, hierher, ich wollte einen Döner, keine Nachtwanderung - dachte ich mir. Verkniff mir aber die Bemerkung. Liebe ist ...!

Tatsächlich war der Ausblick, den wir aus dem ersten Stock des kleinen Lokals hatten, atemberaubend. Wir konnten den Bosporus sehen, die vielen Moscheen wurden angestrahlt und die Stadt hatte sich in einen blinkenden und in allen Facetten leuchtenden Diamanten verwandelt. Selbst die illuminierte Europabrücke, welche alle paar Minuten ihre Farbe wechselte, konnten wir sehen. Die Frage, was wir trinken wollen, riss mich aus der romantischen Stimmung.

Ich liebe diese Frage, stellt sie doch an mich den Anspruch zu überlegen, was Schatzi gerne trinken möchte. Als lernfähiger Ehemann schlug ich vor: „Lass uns doch erst mal Wasser trinken". Dafür erntete ich dann auch ein liebevolles Lächeln von Schatzi. Und weil ich noch so ein Lächeln oder mehr wollte, bestellte ich auch für mich Fisch. Schließlich stand da etwas von Filet. Zu meinem Entsetzen stellte sich das Filet als „in-der-Mitte-durchgeschnittener-Fisch-mit-allem-noch-dran" raus.

Das, was ich von dem Ding essen konnte, schmeckte super. Auch wenn es auf meinem Teller anschließend aussah, als hätte jemand den Fisch mit einem Schlagwerkzeug gefoltert. Schatzi dagegen war hochzufrieden mit ihrem Mahl. Einfach und sehr lecker, kommentierte sie das Dinner for One, denn meins war es nicht.

So schlenderten wir später noch am nächtlichen Bosporus entlang, betrachteten das Leben am Kai und in den Gassen. Auch wenn die Gassen teilweise unheimlich wirkten, hatten wir doch keine Angst.

Beim nächtlichen Bummel dachten viele bestimmt, wir gehen mit einem Löwen spazieren, dabei war es nur mein Magen, der nach Fleisch schrie!

Zurück am Womo war es fast Mitternacht und uns stellte sich die Frage nach einem Übernachtungsplatz. Dort, wo wir derzeit parkten, konnten wir unmöglich schlafen. Schließlich fuhren hier nach wie vor im Sekundentakt alle möglichen und unmöglichen Fahrzeuge im Abstand von 3 cm vorbei.

Nach einigem Suchen auf dem Navi fanden wir ganz in der Nähe einen unbebauten Platz und dies etwas abseits der Straße. Das wird er, meinte ich siegessicher. Schatzi dagegen blieb skeptisch. „Mitten in der Stadt einen ruhigen Platz?"

Warum sind Frauen immer so misstrauisch? Ein bisschen kribbeln sollte es schon bei der Wahl des Übernachtungsplatzes. Nach einigem Suchen fanden wir dann auch die Stelle, bogen von der Hauptstraße ab, eine kleine dunkle Gasse entlang und auf der rechten Seite lag das gesuchte Gelände.

In der Großstadtdunkelheit konnten wir nur einige abgestellte PKWs und LKWs erkennen. Bei der Suche nach der abgelegensten Stelle auf dem Grundstück begleitete uns lautes Hundegebell. Nach einigem Hin und Her fanden wir eine gute, fast ebene Stelle, am südlichen Rand des Geländes.

In der Nacht sehen viele Gegenden nicht gerade vertrauenserweckend aus, so auch diese. Aber schließlich war es schon spät, dunkel und wir waren hundemüde. Nachdem sich die Hunde an unsere Gegenwart gewöhnt hatten, hätten wir fast auch schlafen können. Wenn, ja wenn nicht die Wärme im Womo, die tausend Geräusche einer abgelegenen, von dunklem Wald umgebenen Gegend und diese Schüsse gewesen wären. Ihr habt richtig gehört, es waren immer wieder Schüsse zu hören.

Entweder waren Wilderer im angrenzenden Wald unterwegs oder jemand probte für seinen nächsten Auftrag. Aber schließlich gewann die Müdigkeit Oberhand und Schatzis gleichmäßiges pfffff, pffff, pffff lullte mich ein.

Sonntag – Flucht aus Istanbul

Als das Quecksilber am nächsten Morgen im Womo über 30 Grad stieg, wurden wir munter. Oh, schon 7 Uhr, staunten wir, na dann aber raus. Sehen wir uns doch die Gegend mal im Hellen an. Ach so, wir standen auf einem Abstellplatz eines Abschleppunternehmens.

Um uns herum lauter Schrottautos und die entsprechenden Abschleppwagen. „Sieh mal da, das war gar kein Wald, das ist ein Friedhof" klärte Schatzi mich auf. Doch woher kamen nun die Schüsse? Wahrscheinlich aus dem Armeestützpunkt direkt gegenüber.

Fassen wir zusammen: wir haben auf einem Schrottplatz übernachtet, der von einem Friedhof und einem Übungsgelände der Armee umgeben war. Sag ich doch, irgendwo findet sich immer ein mehr oder weniger ruhiges Plätzchen zum Übernachten, auch mitten in Istanbul!

Für heute Vormittag hatten wir uns einen neuen Versuch zur Besichtigung der Blauen Moschee und der Hagia Sophia vorgenommen. „Und die Zisterne muss auch gleich dort in der Nähe sein.", meinte Schatzi und wollte mir damit sagen, dass wir unbedingt auch dorthin gehen müssen.

Nach der Morgentoilette suchten wir wieder unseren Parkplatz vom Vortag auf. Sichtlich erfreut wurden wir von den „alten Bekannten" begrüßt. Diese gaben uns auch gleich zu verstehen, dass der Gebühreneintreiber zum heutigen Sonntag noch nicht da ist und sie sagen ihm Bescheid. So saßen wir noch vor 9 Uhr morgens auf der

Fähre nach Europa und tranken unseren Morgentee.

Da die blaue Moschee für Nichtgläubige erst 10.30 Uhr öffnet, begaben wir uns zuerst zur Hagia Sophia. Über die Höhe des Eintrittspreises könnte man diskutieren, im Vergleich zum Topkapi Palast hätte hier der Eintritt günstiger sein dürfen. Als wir das ehemalige Gotteshaus betraten, waren wir fast alleine und so konnten wir uns in aller Ruhe umsehen.

Selbst den ersten Stock konnten wir noch ohne Extrazahlung besichtigen. Im Normalfall werden dafür nochmals 6 € fällig. Dank des zeitigen Erscheinens, konnte ich auch noch in Ruhe fotografieren.

Uns hat die Moschee bzw. Kirche nicht sonderlich berührt. Einzig die Größe war beeindruckend. Da die Hagia Sophia nicht mehr als religiöses Haus genutzt wird, fehlte ihr was.

Wie üblich möchte ich an dieser Stelle nicht auf sehenswerte oder touristische Einzelheiten eingehen und verweise lieber auf diverse Reiseführer. Unserer Meinung nach kann man für 10 € pro Person mal reinschauen, muss man aber nicht.

Die Moschee in Edirne bot Ähnliches, aber kostenlos und obendrein noch als funktionierendes Gotteshaus.

Als nächstes stand die Blaue Moschee auf dem Plan. Leider waren wir auch heute wieder zu spät dran. Als wir die Moschee erreichten, stand schon der Massentourismus vor den Toren. Kurzentschlossen haben wir abgedreht. Was folgt auf so einen Besichtigungsstress? Richtig, essen!

Also los, eine nette Bar suchen und etwas Leckeres essen. Der Wille war stark, der Geist war stark, der Körper wollte, nur die Bars wollten noch nicht. Sonntags gegen halb 11 in Istanbul – da schläft noch alles.

Dann fanden wir doch eine Bar und was die für leckere Sachen in der Auslage hatte. Also Rucksack weggestellt und ran an die Speisen. Preise standen logischerweise nicht dran und so haben wir einige Kleinigkeiten bestellt, kann ja nicht so teuer sein.

Kurze Zeit später saßen wir in der Sonne und ließen es uns

schmecken. Wie immer in solchen Situationen wurde Schatzi zum Zahlen delegiert. Diesmal allerdings kam sie leicht blass an unseren Tisch zurück. Eine gefüllte Paprikaschote, etwas gebratenes Gemüse, zwei „Irgendetwas" in Teig gebacken und zwei Tee, macht zusammen gut 25 €! Gut, die Bar befand sich auf dem direkten Touristenweg vom Schiffsanleger zur Blauen Moschee; aber 25 €, muss das sein?

Wie wir später erfahren haben, ja, es muss sein. Zum Teil sind Lebensmittel und insbesondere Fleisch nicht gerade günstig, in Istanbul auch noch um einiges teuer als in den Bergen Anatoliens und zum anderen sind die Mieten, in guten Lagen, exorbitant hoch. Später klärte uns ein Gemüsehändler, der etwas Deutsch sprach und mit dem wir auf einem kleinen Markt ins Gespräch kamen, über Preise und Mieten in Istanbul auf.

Über das leckere Essen und den „günstigen" Preis freuten wir uns so sehr, dass im nächsten Stoffladen gleich noch ein schöner Kissenbezug gekauft wurde. Natürlich nicht ohne den Preis gnadenlos zu verhandeln.

Ich bin ja bekennender „Runter-Handel" Gegner, aber hier ist es üblich und gehört zum shoppen einfach dazu. Eigentlich hätten wir keinen gebraucht, aber ...! Nun dient selbiger unseren lieben „Kleinen" als Rückenstütze beim Fernsehen in der Essecke. Ist das nicht dekadent?

Als wir den „Bar-Schock" überstanden hatten, wollten wir dennoch einen Kaffee trinken. An einer belebten Straßenecke fanden wir ein nettes Café. Spätestens hier zeigte es sich, dass der Preis in der letzten Bar wahrscheinlich doch richtig war. Der Cappuccino kostete hier - laut Karte - umgerechnet fast 2,80 €. Istanbul ist eben eine Weltstadt.

Aber unser Café-Platz war erste Sahne, hatten wir doch einen unterhaltsamen Blick auf mehrere Straßenzüge und konnten so das Istanbul-Leben in all seinen Facetten beobachten. Auf diese Art kamen auch jede Menge tolle Fotos zustande.

Frisch gestärkt wollten wir nun die Fußgängerzone bis hoch zum Taksim Platz erkunden. Über die Galata Brücke schafften wir es unbeschadet, da wir den bekannten Touristenfängern geschickt und wissend ausweichen konnten. Anschließend sind wir mit der ältesten Standseilbahn Europas - der Tünel - gefahren und dann die Istiklal Rd. hoch bis zum Taksim Platz und zu Fuß wieder zurück zur Galata Brücke.

Auf der Hauptfußgängerzone - der Istiklal - gab es außer der alten Straßenbahn, welche sich hier durch die Menschenmassen ihren Weg bahnt und die erwähnten Menschenmassen, keine besonderen Erlebnisse für uns. Zwar war die Straße gesäumt von alten Häusern und in den Gassen und Hinterhöfen fanden sich zahlreiche Bars, Cafés und Restaurants, aber alles war sehr touristisch und ... es war eben die Fußgängerzone einer Millionenstand.

Wer Näheres zu den Geschäften und Sehenswürdigkeiten der Istiklal Rd. wissen möchte, schlage bitte im Reiseführer nach.

Am Fuß der Galata Brücke angekommen, hatten wir beide Hunger und was liegt näher, als in einem Garten hinter einer Fischbude direkt am Meer etwas zu essen. Nein Männer, Döner gab es hier keinen, auch FLEISCH war hier ein Fremdwort.

Wie ferngesteuert öffnete sich mein Mund und ich sagte: „Schatzi, wollen wir nicht Fisch essen gehen? Hier so direkt am Meer? Das wäre doch schön". Fragt ja nicht wer oder was mich gesteuert hat, selbstverständlich die Liebe! Und ehe ich mich versah, saßen wir auf zwei Plastikstühlen und dann hörte ich mich auch noch Fisch bestellen.

Diesmal hatte ich aber eine gute Wahl getroffen. Ich bestellte kleine frittierte Fische und mit Brot konnte ich diese sehr gut essen. Was Schatzi zu meiner Idee sagte und wie sie ihr Essen fand, brauche ich hier wahrscheinlich nicht schreiben. Dies könnt ich euch garantiert denken! Zwischenzeitlich müsstet ihr Schatzi ganz gut kennen, um euch ihre leuchtenden Augen bei meinem Vorschlag vorzustellen.

Nachdem wir unseren Fisch verspeist, das Treiben an und auf der Galata Brücke noch eine Weile beobachtet hatten, wurde es nun Zeit, Istanbul fürs erste den Rücken zu kehren.

Wir wollten nur noch raus und ans Meer. Ein letztes Mal die Fähre nach Asien, einen letzten Tee, ein freundliches Gülle, Gülle von unseren Imbissbuden-Leuten und viele Hupkonzerte später hatten wir die eigentliche Stadt hinter uns gelassen. Ein untrügliches Zeichen dafür waren wieder die vielen riesigen Picknick Areas.

Auf schlechten und zum Teil engen Straßen bewegten wir uns in Richtung Meer. Plötzlich war die schlechte enge Straße zu Ende und eine sehr gut ausgebaute 4-spurige Landstraße begleitete uns von nun an.

Was uns auffiel, waren die vielen Hinterlassenschaften, welche wir auf den Wiesen und kleinen Wäldern entlang der Straße entdeckten. Überall sah es nach Minimülldeponie aus. Desto näher wir dem Meer kamen, umso mehr nahm der Gegenverkehr zu. Offensichtlich war es für die Ausflügler an der Zeit, den Heimweg anzutreten. Ganz schlimm wurde es in dem Küstenstädtchen Rosés.

Zu diesem führte uns eine dieser extrem schlechten Straße. Erschwerend kam noch hinzu, dass uns die Abreisewelle mit voller Wucht traf. Zwar waren wir die einzigen die in Richtung Meer wollten. Der Gegenverkehr erschwerte aber auch unser Vorankommen. Wo bitte sollten wir hier einen Platz zum Übernachten finden?

Dann erreichten wir einen kleinen Hafen. In dem davor befindlichen Kreisverkehr regelte schon die Armee den Verkehr. Kurzentschlossen stoppte ich neben einem Posten und fragte ihn auf Englisch nach dem Weg zum Meer. Dieser bedeutete mir einfach mal zu warten. Sofort fingen hinter uns die ersten Hupen an, laut zu schreien.

Der Posten beruhigte sie mit einer Geste. Dann lief der Soldat von Posten zu Posten und schien etwas zu suchen. Aufgeregt sprachen nun alle miteinander und wir bekamen ein schlechtes Gewissen. Schatzi fragte sich schon, was ich wieder ausgelöst habe.

Nach einer gefühlten Ewigkeit kam der Soldat endlich zurück.

„Moment, andere inglisch Mann, Moment" sagte er in einem Sprachenwirrwarr . Ach du Schande, die suchten verzweifelt einen, der mit uns Englisch sprechen kann. Und dafür blockiere ich hier den halben Kreisverkehr.

Dann kam ein junger Mann in Uniform und mit voller Bewaffnung auf uns zu. Wir konnten nicht sagen, welcher Akzent in seinem Englisch mitschwang, aber eins ist sicher, unser Sächsisch-Englisch war besser.

Soweit wir seine Wegbeschreibung verstehen konnten, sollte sich in ca. 2 km Entfernung ein schöner Platz zum Übernachten befinden und das Meer sollte von dort auch gut zu erreichen sein.

Also räumten wir den Kreisverkehr und quetschten uns durch kleine Gassen, zwischen parkenden und entgegenkommenden Autos eine steile Straße bergan. Den Rückblick hatten wir schon lange verloren, mussten wir unsere Außenspiegel doch schon kurz nach dem Kreisverkehr einklappen.

Je höher wir kamen, desto nasser und rutschiger wurde die Straße. Es wurde immer schwieriger, unsere Bergziege unbeschadet zwischen all den Fahrzeugen hindurch zu steuern.

Auf der rechten Seite erblickten wir wieder eine dieser Picknick-Areas. Nur unterschied sich diese von allen übrigen, welche wir bisher gesehen haben. Diese war voll, und zwar voller Müll, voller Autos, voller Menschen.

„Gut, dass der Posten uns einen Insiderplatz verraten hat, " meinte Schatzi, „sonst wären wir vielleicht noch hier gelandet!" Da ich mit der Straße zu kämpfen hatte und eine schlimme Vorahnung hatte, schwieg ich lieber.

Die Straße war zu Ende und mündete nun ...? Genau, sie mündete in genau die „Picknick Area des Grauens"! Ohne ein Wort zu sagen und ohne auch nur eine Sekunde anzuhalten, wendete ich unsere Bergziege und fuhr zurück bis zur Hauptstraße.

Erst als wir Rosés, den Ort unserer Alpträume, einige Kilometer hinter uns gelassen hatten, sprachen wir wieder miteinander. „Was machen wir nun?" fragte Schatzi und blickte mich dabei völlig entgeistert an. „Bei der nächsten Möglichkeit anhalten und auf dem Navi die nächste Straße zum Meer suchen.", entgegnete ich, zugegeben, leicht genervt.

Eine solche Straße fand sich schnell. Und die schlechten Straßenverhältnisse brachten mich bald wieder auf andere Gedanken. Laut unserem Navi sollte die Straße bis fast ans Meer reichen.

Wie wir später feststellen mussten, tat sie dies auch. Sie endete auch nur wenige Meter vom Meer entfernt, allerdings lag das Meer 200 m unter uns und die Straße endete am Dorfplatz. Wenn man den Höhenunterschied außer Acht lässt, endete die Straße ja am Meer, nur ...!

Zu allem Unglück fand sich kein vernünftiges Plätzchen zum Übernachten. So blieb uns nichts anderes übrig, als wieder zurück zu fahren und an der letzten Gabelung weiter am Meer entlang, einen geeigneten Platz suchen. Kurz darauf fanden wir tatsächlich auch einen wilden Campingplatz, nur das dessen Zufahrt maximal für einen Smart gereicht hätte und der dahinter liegende Weg bei wohlwollender Betrachtung als „Allrad-möglich", aber keinesfalls als mit dem Womo befahrbar gelten konnte.

Und so verließen wir auch diesen Ort der Sauberkeit ohne es wirklich zu bedauern. Unser Heil fanden wir nur wenige hundert Meter weiter. Die Straße erklomm hier eine kleine Anhöhe, an deren höchsten Punkt fuhren wir links einen sandigen Feldweg rein. Wenig später standen wir an einer ausgedehnten Feldwegkreuzung.

Rings um uns nichts als Sandwege und einige Sträucher. In ca. 1 km Entfernung wurde eine Ferienhaussiedlung erbaut und in Richtung Norden konnten wir auf das Meer sehen. Danke liebes Schicksal, dass du uns an diesen wunderbaren ruhigen Ort geführt hast.

Vor dem üblichen Programm, Schatzi fotografieren, ich Essen vorbereiten, ging es erst noch unter die Dusche. Die Lage war so einsam, dass uns die ein, zwei Autos, welche auf dem Hauptfeldweg an uns vorbeifuhren, nicht an einer Außendusche hindern konnten. Zumal unser Stellplatz von diesem Weg aus nicht einzusehen war. Und so konnten wir mit unseren Adamskostümen auch niemand belästigen.

Sauber und erfrischt bereitete ich dann das Abendbrot zu, während Schatzi das umliegende Unterholz nach Leben absuchte. Ihr werdet es kaum glauben, doch auch hier fand sie wieder einiges Neues!

Und dann war es soweit, die Sonne ging langsam unter, der Abendgesang der Vögel neigte sich seinem Ende zu, es wurde kühler und bei einer Flasche Sekt ließen wir den Abend ausklingen und begannen die Nacht.

Montag – Am Tornado-Strand

Nach einer ruhigen und sehr erholsamen Nacht, wussten wir am nächsten Morgen nicht so recht, wohin es weitergehen sollte. Nach einigem Hin und Her entschieden wir uns zur Weiterfahrt am Schwarzen Meer. Heute sollten es nicht so viele Kilometer werden. Die Sonne anbeten, dies sollte unser einziges Tagesziel werden.

Entlang dem Meer hielten wir Ausschau nach einem schönen einsamen Platz. Doch beides entpuppte sich als reines Wunschdenken. So wählten wir nach nur ca. 30 km Fahrt einen großen Platz unmittelbar am Meer aus. Nach dem obligatorischen Eintritt, 10 € für uns beide, kurvten wir in Richtung Strand.

Zum Glück war der Platz nicht übervölkert, obwohl, offensichtlich lag dies erst Stunden zurück. Jetzt jedoch hielten sich alles in allem vielleicht 4 - 5 Familien auf dem weitläufigen Gelände auf. Wir wunderten uns schon, 10 € Eintritt um auf eine Müllhalde zu gelangen?

Ach, stimmt ja, gestern war Sonntag, deshalb sah es hier aus wie ...! Wie sah es hier aus? Stellt euch vor, ein vollbeladener Müllwagen, hat ein Loch im Boden und fährt nun immer am Strand entlang.

Dabei verteilt er seine Ladung gleichmäßig am Strand. Anschließend kommt ein Sturm und verteilt alles auf die dahinter befindlichen Dünen, Stellplätze und Liegewiesen! Zum Abschluss kommen noch einige Kühe und naschen von diesem kalten Büffet! Nun habt ihr in etwa eine Vorstellung wie es an diesem Strandabschnitt aussah.

Selbst der Versuch einiger offensichtlich schlecht bezahlter Jugendlichen, dem Chaos Herr zu werden, verschlimmerte alles nur noch mehr. Diese hatten doch tatsächlich nichts Besseres zu tun, als allen möglichen Müll einzusammeln. Trotz intensiver Beobachtung erschloss sich uns nicht, nach welchem System oder nach welchen Gesichtspunkten sie den einzusammelnden Müll dabei auswählten.

In einer kleinen Mulde trugen sie diesen zusammen und versuchten, ihn dort zu verbrennen. Der Erfolg der ganzen Aktion bestand aus der Entwicklung einer übelriechenden Rauchwolke, welche sich über den halben Platz verbreitete.

Für uns bestand nun die Herausforderung, einen halbwegs ebenen, bei Regen nicht so schnell aufweichenden, der Rauchwolke abgewandten Stellplatz zu finden. Diesen fanden wir schließlich auch. Gut, wir mussten noch einiges an Dreck wegräumen, um unsere Stühle auch vor unser Womo stellen zu können. Am Ende schickten wir noch ein kleines Stoßgebet gen Himmel, dass der Wind nicht drehen möge!

Wir richteten uns häuslich ein, legten uns in die Liegestühle, schlossen die Augen ganz fest und lauschten dem Meeresrauschen. So lagen wir im Halbschatten des Womos, als Schatzi plötzlich aufschrie.

Ich überlegte erst noch, ob ich diese Art von Schrei kannte und was er bedeuten könnte. Ein innerlicher Abgleich brachte kein Ergebnis und so öffnete ich die Augen. Fast im selben Moment hörte ich ein langgezogenes Schmatzgeräusch unmittelbar neben meinem Ohr. Meinen Kopf zur Seite reißend, blickte ich in die liebevollen Augen einer Kuh.

Was mein schläfriges Auge da erblickte, erschreckte sogar

mich. Einige Kühe hatten uns doch tatsächlich umringt und suchten nach Essbarem. Hatte der Geruch unserer Sonnenmilch sie angezogen oder suchten sie eher den kühlen Schatten unter unserer Markise?

Mit dem Fotostativ in der Hand versuchte ich verzweifelt, die Rindviecher wieder zu vertreiben.

Schatzi hatte beobachtet, dass das liebe Vieh auf Melonen stand.

Und so machte sie sich daran, die von den Besuchern liegengelasse-
nen Melonen mit unserem Jagdmesser zu zerkleinern und den Kühen
zu servieren. Diese bedankten sich mit einigen tollen Fladen direkt
vor unserem Womo. Diese Aktion war von großem fotografischem
Nutzen, nun konnte Schatzi auch noch die Fliegen fotografieren!

Nach der ganzen Anstrengung suchten wir im Meer nach Abkühlung. Auch wenn wir fast das einzige Auto am ganzen Strand waren, beim Baden jedoch waren wir nicht allein. Gleich neben unserem ausgesuchten Badeplatz tummelten sich noch zwei Bierdosen,
eine Aldütüte und einige Verpackungsreste. Mit den Händen versuchten wir verzweifelt, diese Badegäste auf Distanz zu halten. Beim
Rausschwimmen ging dies auch noch ganz gut. Zum Strand zurück
hatten wir die unliebsamen Begleiter stets an unserer Seite. Na gut,
andere Länder, andere Badegäste!

Gezwungenermaßen verbrachten wir den Rest des Tages am
Strand, sonnten uns, spielten mit den Rindviechern und bereiteten
das Abendbrot vor. Nein, kein Rinderfilet, gegrilltes Lammkarree mit
Salat und Brot, dazu Rotwein. Letzterer verfehlte seine Wirkung
nicht und so fielen wir, trotz fast 30 Grad im Womo, in einen erholsamen Schlaf!

Dienstag – Schlaflos in Istanbul

Der nächste Morgen überraschte uns mit keinem Sonnenschein.
Der Himmel war bedeckt und über dem Meer braute sich was zusammen. Also hieß es zusammenpacken und weiter, zurück nach Istanbul.
Schaukelnd rollten wir über den Platz, als mein Blick ein letztes Mal
in den Rückspiegel fiel. Im selben Moment riss ich das Lenkrad rum,
gab kräftig Gas um nicht im Sand stecken zu bleiben und wendete.
Schatzi sah mich erschrocken an und fragte, was nun wieder los sei.
Ohne ein Wort zu verlieren, suchte ich die höchste Stelle im

Gelände, auf der ich das Womo abstellen konnte. Da sah Schatzi auch den Grund der ganzen Aktion.

Über dem Meer, nur wenige Kilometer von uns entfernt, begann sich ein Tornado zu bilden. Zum ersten Mal konnte ich verstehen, warum Menschen so fasziniert von solchen Naturerscheinungen sind. Ich verstand, warum sie teilweise ihr Leben aufs Spiel setzten, um dieses Szenario einzufangen.

Wie gebannt starrten wir auf das Meer hinaus und beobachteten, wie der kleine Trichter sich langsam aufbaute und auf eine kleine Halbinsel zusteuerte. Die Welt um uns schien dem Untergang nah. Wir konnten genau sehen, wie der Trichter weiter Wasser aufsaugte und so immer gewaltiger wurde.

Glücklicherweise drehte der Tornado kurz vorm Land ab und saugte weiter Wasser in sich auf. Plötzlich hatten wir den Eindruck, dass er drehen würde und direkt auf uns zukam. Wir hatten genügend Fotos auf der Karte und so rollten wir zwar langsam aber endgültig dem Ausgang zu.

Hier erwartete uns die nächste Überraschung. Die Ausfahrt war mit einer Schranke versperrt und selbige mit einem Schloss versehen.

Ein Anflug von Panik stieg auf, vor uns die verschlossenen Schranke, hinter uns der sich aufbauende Tornado.

Wie üblich in solchen Situationen, fand sich weit und breit keiner, der uns hätte raus lassen können. Ein Versuch, das Schloss mit einem Schraubenzieher aufzuhebeln, missglückte jämmerlich. Aus dem gegenüberliegenden Haus wurden wir auch schon argwöhnisch beobachtet. Wie sollten wir nur hier rauskommen?

Noch einen Tag auf dieser Müllhalde wollten wir nicht kampflos hinnehmen. Irgendwo musste es doch noch eine Möglichkeit geben, das Gelände zu verlassen. Langsam fuhren wir an der Grenze zwischen Grundstück und der Straße entlang, ohne Erfolg. Die einzige Möglichkeit, welche wir fanden, bestand aus einer ca. 2,50 m breiten Lücke zwischen einem Strommast und dem angrenzenden Zaun.

Zu allem Unglück war der Boden nicht sehr eben und ich musste befürchten, beim Hindurchfahren entweder gegen den Zaun oder den Strommast zu rutschen. Außerdem konnte ich das Womo nicht parallel in die Lücke steuern. Also dreimal hin und her, dann standen wir fast genau zwischen Zaun und Mast. Spiegel einklappen, Bauch einziehen, Luft anhalten und dann dirigierte uns Schatzi durch das Nadelöhr. Geschafft, ohne Kratzer und incl. aller Anbauteile standen wir auf der Straße.

Auf Schleichwegen durch die umliegenden Berge, näherten wir uns Istanbul. Wir wollten so lange als möglich am Bosporus entlangfahren. Noch bevor wir diesen erreichten, fanden wir allerdings einen erstklassigen Übernachtungsplatz. Hoch oben an einer Ruine, mit freiem Blick auf den Bosporus und das Schwarze Meer. Was für ein Platz zum Übernachten! Wir beglückwünschten uns und setzten sofort eine Markierung im Navi. Wenn wir geahnt hätten, was uns hier noch erwarten sollte, hätten wir lieber in einem U-Bahn Schacht übernachtet, als an dieser vermeintlich ruhigen Stelle. Mehr dazu später.

Nachdem wir uns an dem Platz sattgesehen hatten, rollten wir weiter bergab in Richtung Bosporus. Erst mussten wir noch an einer Kaserne vorbei, direkt angrenzend fanden wir einen Parkplatz und einen Badeplatz. Also ab in die Badesachen und rein in das erfrischende Wasser. Es war um Längen sauberer als das Schwarze Meer, auch waren wir hier die Einzigen.

Zumindest dachten wir dies. Zuerst sah ich nur einen Stahlhelm an der angrenzenden Mauer. Dann bewegte sich der Helm und ich konnte sehen, dass ein Augenpaar unter dem Helm hervorschaute. Der Soldat hielt aber nicht Ausschau nach irgendwelchen Angreifern oder Gefahren, sondern seine Augen folgten Schatzi beim Schwimmen. Als sie dann an Land kam, ging sicher nicht nur der Helm ein Stück hoch und der Gute bekam ganz große Augen! Erst als er merkte, dass ich ihn lächelnd beobachtete, drehte er sich um und verschwand.

Jetzt konnten wir das Badevergnügen wieder ganz für uns genießen. Wir konnten nicht genug bekommen und sprangen immer wieder ins Wasser, welches Europa und Asien miteinander verbindet.

Erfrischt setzten wir unsere Fahrt nach Istanbul fort. Als nächstes wollten wir nochmal über die Europa-Brücke fahren. Diese vom Bosporus aus zu erreichen war schwieriger als gedacht. Viele Straßen, welche uns das Navi führen wollte, waren einfach zu eng und steil für uns. Irgendwie schafften wir es dann doch noch, die Europa Brücke zu erklimmen.

Wir wollten unbedingt noch das „Welcome to Asia" - Schild fotografieren. Dafür mussten wir den Bosporus aber erst einmal überqueren. Auf der europäischen Seite angekommen, entdeckten wir einen Supermarkt. Dort nutzten wir die Gelegenheit um zu frühstückten und wir kauften gleich die ein oder andere Leckerei für zu Hause ein.

Mit einigen Kilos mehr auf den Achsen wendeten wir – fast vorschriftsmäßig – und fuhren auf der Brücke wieder Richtung Asien. Endlich hatte Schatzi auch genügend Zeit, das begehrte Schild zu fotografieren.

Weiter schlängelte sich unsere Bergziege immer am Bosporus entlang zu „unserem" Parkplatz. Ja, in der Zwischenzeit nannten wir ihn schon „unseren" Parkplatz. Dort angekommen, wurden wir auch mit großem Hallo empfangen. Die Händler begrüßten uns wiederum wie alte Freunde. Wir hielten uns aber nicht lange auf, wollten wir doch heute die restlichen Sehenswürdigkeiten Istanbuls erobern.

Rauf auf die Fähre, zwei Tee und ein Sandwich bestellt und ehe wir uns versahen, waren wir schon wieder in Europa.

Im „Schatz und Schatzi Stechschritt" ging es direkt zur Blauen Moschee. Wir freuten uns schon darauf, die gläubigen Muslime bei ihren Ritualen vor und in der Moschee zu beobachten.

Auf der anderen Seite graulte es uns vor den Massen an Reise-bustouristen. An der Blauen Moschee angekommen, war es schon lustig anzusehen, wie diese Massen den bunten Fahnen ihrer Führer hinterher eilten. Jedes Mal, wenn der Führer glaubte, eine bessere Eingangstür für seine Schäfchen gefunden zu haben, reckte er sein Fähnchen in die Luft und alle folgten ihm wie ein Bienenschwarm seiner Königin. Auf diese Art fand schon früh morgens die reinste Völkerwanderung statt. Für jeden guten Beobachter ein Highlight.

Wie oft im Leben, so war es auch hier - die Letzten werden die Ersten sein! Auf Grund des großen Andrangs standen wir sehr weit hinten, als sich die ganze Menschenmasse vor uns plötzlich umdrehte und uns regelrecht vor sich her schob. Um nicht zermalmt zu werden, mussten wir zwangsläufig an der neuen Eingangstür fast die Ersten sein.

Dort mussten wir uns unseres Schuhwerks entledigen und im bereitliegenden Beutel verstauen. Nun durften unsere ungewaschenen Füße den heiligen Boden der Blauen Moschee betreten.

Hier konnte ich mich so gar nicht entscheiden, was ich bestaunen sollte, die prächtige Moschee oder die vielen unterschiedlichen Besucher und deren Verhaltensweisen. Also fotografierte ich beides. Die Stimmung in der Moschee war sehr zwiespältig. Auf der einen Seite die vielen Gläubigen, welche in Ruhe und mit Andacht ihr

Gebet verrichten wollten. Dem gegenüber die vielen hundert Touristen, welche schwatzten, kicherten und unendlich viel fotografierten, die andächtige Atmosphäre zerstörten.

Uns war es unverständlich, dass so etwas geduldet bzw. gefördert wird. Zum Glück ist den Touristen nur zu bestimmten Zeiten der Zutritt zur Blauen Moschee gestattet. Nach wenigen Minuten jedoch wurde mir das Gewusel zu groß.

Bei Schatzi täuschte ich meine Sozialphobie vor und ich durfte die Moschee vorzeitig verlassen. Draußen waren zwar auch nicht weniger Leute, aber ich konnte wenigstens an der frischen Luft durchatmen.

Kaum war ich der einen Sehenswürdigkeit entronnen, stand mir schon die nächste Bewährungsprobe bevor. Der Besuch der Zisterne von Istanbul.

Den Eingang zur selbigen fanden wir an einem sehr unscheinbaren kleinen Haus, welches eher wie ein kleiner Bahnhofseingang, als der Eingang zu einer der größten und vielleicht schönsten Wasserspeicher Europas wirkte. Die Zisterne war wirklich mal etwas Sehenswertes. Zumal hier unten auch gerade eine Ausstellung verschiedener Glaskunstgegenstände stattfand.

In den riesigen Wasserbecken spiegelten sich nicht nur die Gewölbedecken und reichverzierten Pfeiler. In dem schummrig - mystisch - bunten Licht, umgab die Ausstellungsstücke eine besondere Aura. Die ganze Zisterne schimmerte in diesem Licht und veranlasste alle Besucher zu unterdrückten Unterhaltungen und ruhigen Bewegungen.

Nicht nur wegen der sehr angenehmen Temperaturen fühlten wir uns in dieser Umgebung sehr wohl. Lange bummelten wir durch Istanbuls Unterwelt und fingen mit der Kamera manch magischen Moment ein.

Zurück in der Wirklichkeit empfingen uns feuchte 30 Grad, denn zwischenzeitlich hatte es etwas geregnet und es fühlte sich an wie im Tropenhaus.

Durch die Gassen Istanbuls ging es wieder zurück in Richtung Hafen. Noch bevor wir diesen erreichten, entdeckten wir ein Gewirr aus Gassen, in welchem keine Touristen auszumachen waren und so schlenderten wir diese entlang. Hier konnten wir abermals das wahre Istanbul auf uns wirken lassen.

Teilweise saßen die Handwerker und Händler auf dem Bürgersteig und boten ihre Dienstleistungen und Waren feil. Einer kleinen Süßwarenmanufaktur konnten wir nicht wiederstehen und kauften einige handgefertigte Bonbons. Auf dem weiteren Weg durch diese Gassen fiel uns eine große Moschee über den Dächern der Stadt auf. Also lenkten wir unsere Schritte bergauf zur größten Moschee Istanbuls, der Süeymaniye Moschee.

Vor den Toren der Moschee begegnete uns ein Wasserverkäufer. Dieser schenkte uns völlig ungefragt je einen Plastikbecher mit roter Flüssigkeit ein. Da uns solcherlei Tricks nicht unbekannt sind, wollten wir ihn einfach stehen lassen. Aber heute passte sein rotes Gewand optimal zum Sonnenschein, zum blauen Himmel und ich wollte ihn gerne fotografieren. Also nahmen wir seine Becher an, tranken das lauwarme, eklig süße Himmbeerwasser und ich schoss drei, vier Fotos.

Selbstverständlich hielt er anschließend die Hand auf und forderte freundlich aber bestimmt 4 € von uns. Nach einigem Hin und Her und Drohungen, die Polizei zu rufen, begnügte er sich mit einem Euro und bedankte sich sogar noch überaus freundlich bei uns.

Besichtigen konnten wir die Süeymaniye Moschee derzeit wegen umfangreicher Renovierungsarbeiten nicht. Einzig den Grabraum, in dem unzählige Särge aufgestellt waren, konnten wir besichtigen.

Nach einigen Fotos der Moschee von außen begaben wir uns zum Meer zurück. Auf dem Weg bergab holten wir uns noch ein wenig Obst. Dann wurde es auch schon Zeit, das Stadtzentrum zu verlassen.Wir wollten unseren heutigen Übernachtungsplatz, hoch über dem Bosporus, nicht so spät erreichen.

So bestiegen wir also ein wirklich letztes Mal die Fähre nach Asien, einen letzten Tee auf der Fähre und einen letzten Blick auf eine faszinierende Stadt.

Von unseren Händlern konnten wir uns leider nicht verabschieden, da gerade Hauptessenszeit war und alle in ihren Läden beschäftigt waren. Parkplatzwächter war auch keiner zu sehen und so machten wir uns auf den Weg gen Norden, immer am Bosporus entlang.

Dank des Navis fanden wir den Weg zu unserem exorbitanten Übernachtungsplatz spielend. Und tatsächlich waren wir dort die einzigen. Wie sich später zeigen sollte, waren wir lediglich die ersten. Also Stühle raus, etwas zu trinken dazu und dann „"fern-sehen". Im Abendprogramm lief heute: „Der Bosporus"! Zumindest dachten wir dies, allerdings hätte das Programm auch: „Wie genieße ich einen ruhigen Ort ohne Ruhe?" heißen können.

Nach unserem Abendbrot kamen immer wieder mal einzelne Besucher mit ihren Autos, stellten sich auf den unteren Parkplatz, drehten das Radio auf volle Lautstärke und genossen die Ruhe der Nacht! Immer wenn sich einer wieder entschloss wegzufahren und tatsächlich Ruhe einkehrte, dauerte es nicht lange und der oder die nächsten kamen.

Schatzi und ich drehten uns immer wieder von rechts nach links und von links nach rechts. An richtigen Schlaf war nicht zu denken. Es half auch nichts, dass ich immer wieder mal raus bin und mit der Taschenlampe auf uns aufmerksam gemacht habe. Zwar ging das ein oder andere Radio dann etwas leiser, aber der nächste drehte gleich wieder auf.

Endlich gegen 2 Uhr morgens drohte Ruhe einzukehren. Nur ein einzelner Wagen stand noch da, doch der sollte uns bis gegen 5 Uhr immer wieder wach halten. Türen auf, Türen zu; Radio laut, Radio leise. Dann fing der Fahrer auch noch an, die türkischen Volksweisen stimmlich zu begleiten, es war ein Graus.

Noch ein letztes Stoßgebet und es war soweit, auch er fuhr von dannen und wir hatten endlich Ruhe.

Mittwoch - Nach Bulgarien

Wir wollten dem Istanbuler Berufsverkehr entgehen, deshalb machten wir uns schon gegen 7 Uhr auf den Weg, immerhin lagen heute ca. 300 km vor uns. Als grobes Ziel war Bulgarien anvisiert.

Frisch durchgerädert verließen wir also Istanbul. Die Stadt, die zwei Kontinente verbindet; die Stadt, in der wir sehr viel erlebt und gesehen haben und die Stadt, in der ein innerstädtischer Übernachtungsplatz - auf dem Schrottplatz - ruhiger und erholsamer war, als ein abgelegener Platz hoch oben über dem Bosporus.

Über die Europabrücke ließen wir die Stadt der 1000 Moscheen schnell hinter uns. Ein Stück wollten wir dieselbe Strecke fahren, welche wir hergekommen sind. Aber wir wollten unbedingt einen anderen Grenzübergang nach Bulgarien finden als Edirne.

Zuerst wollten wir aber unserem Honighändler noch einen Besuch abstatten. Hatten wir ihm doch versprochen, sollten wir nochmals vorbeikommen, einen Tee mit ihm zu trinken. Wir glaubten schon fast, ihn verfehlt zu haben, als am linken Straßenrand die blauen Bienenkästen auftauchten.

In einer kleinen Staubwolke hielten wir direkt neben seinem Stand an. Seinen Gesten nach, konnte er sich sogar an uns erinnern. Er lud uns ein, auf seiner Decke am Boden Platz zu nehmen. Mit einem freudigen Lächeln rannte er in den hinteren Teil des Grundstücks und kam nach wenigen Minuten mit einigen Teeutensilien wieder vor. Dabei grinste er über das ganze Gesicht.

Beim Anblick der Decke, auf welcher wir Platz nehmen sollten, verging mir das Lächeln. Ich flüsterte Schatzi zu: „Ich bleibe lieber stehen!". „Nein, das gehört sich nicht!". Nein, ich wollte mich dieser Decke nicht nähern.

Der alte Mann konnte noch so freundlich lächeln, es täuschte nicht darüber hinweg, dass die Decke offensichtlich lebte; ein Paradies für Insektenkundler. Beim Anblick der Sitzgelegenheit hatte ich den Eindruck, tausende von unliebsamen Tierchen würden diese bevölkern. Auch der Hund, welcher sich kurz zuvor von der Decke erhoben hatte, sah nicht gerade nach dem Haustier von Paris Hilton aus.

Vor der Decke und dem Hund hätte besser ein Schild gestanden: „Vorsicht Wildwechsel!" oder „Flohzirkus, Eintritt kostenlos!". Was soll's, Schatzi ist der Chef und sie hat gesagt, setz dich, also setz ich mich.

Der Honigverkäufer brachte eine Kanne mit heißem Wasser, eine mit Tee gefüllte kleinere Kanne und drei Gläser. Mir kam die Ehre zu, den Tee in die Gläser zu füllen. Ich nahm an, es handelte sich um normalen schwarzen Tee und war schon dabei, den kaffeeähnlichen Inhalt auf die Gläser zu verteilen. Dann bemerkte ich, dass er mich, fast starr vor Schreck, beobachtete.

Daraufhin fühlte ich mich genötigt zu fragen, wieviel Tee in ein Glas kommt. Er zeigte auf ca. ein Drittel von dem bereits im Glas befindlichen Inhalt und machte uns gleichzeitig verständlich, dass er

Herzprobleme von dieser Menge Tee bekäme.

Also verteile ich neu und nun erklärte sich auch der Sinn der Kanne mit heißem Wasser. Es handelte sich um einen starken Teesud, welcher mit heißem Wasser aufgegossen und damit trinkfertig gemacht wird.

Dazu reichte er uns Zucker, welcher seine beste Zeit auch schon hinter sich hatte. Kurz überlegte ich, welche Tiere sich in Zucker wohlfühlen und ob diese für den Menschen gefährlich werden können. Der Tee selber schmeckte absolut hervorragend und die Gläser wurden auch wieder mal sauber!

An meinen Beinen wuchs derweil ein unwiderstehliches Juckgefühl und ich bemerkte erste rote Stellen. Dann befiel mich plötzlich ein unwiderstehliches Verlangen, aus einiger Entfernung Fotos von Schatzi und dem Türken zu machen.

Wie sich nur Minuten später herausstellte, war es schon zu spät. Die Bewohner der Decke hatten mein süßes Blut schon entdeckt und mich an allen möglichen und unmöglichen Stellen angezapft.

Zwar hatte ich noch tagelang Schatzis Mitleid auf meiner Seite, aber das half auch nicht gegen die unzähligen roten juckenden Pusteln, welche zum Teil die Größe eines 10 Cent Stückes annahmen. Ich kann euch versichern, Mücken waren es nicht und wer weiß, wo die lieben Kleinen vorher schon saßen.

Schatzi bemerkte meine hektischen Kratzbewegungen und das war das Zeichen zum Aufbruch. Wir ließen uns noch seine Adresse geben und versprachen, ihm Bilder zu schicken. Dies taten wir später auch, allerdings sind wir immer noch sehr skeptisch, ob diese jemals bei ihm angekommen sind. Denn seine „Wohnung" befand sich weit ab jeglicher Ortschaft.

Den nächsten Ort, welcher auch in seiner Adresse vermerkt war, erreichten wir erst nach ca. 14 km. Wir konnten nur hoffen, dass er im Ort wohnte und nicht dort draußen, auf seiner Decken mit den vielen Tieren!

Dieses Erlebnis hat nicht nur an meinem Körper zahllose Spuren hinterlassen, auch unserer Seele wurde wieder einmal bewusst, mit wie wenig man zufrieden sein kann. Und diese Zufriedenheit strahlte er aus. Sein Hund, seine Bienen, seine ärmliche Behausung, dies alles reichte ihm. Dieser Mann strebte nicht nach mehr, er wollte nicht schneller, höher, weiter, der Beste sein. Ihm und vielen anderen, die wir auf dieser Reise getroffen haben, war all dies völlig fremd und es spielte für ihr Leben auch keine Rolle!

So, bevor ich jetzt zu philosophisch werde und den Faden noch weiterspinne, folgt uns lieber auf unserem weiteren Weg durch den unbekannten „Osten".

Nur wenige Kilometer nach dieser Begegnung bogen wir in Richtung Schwarzes Meer ab und ließen somit den für uns schrecklichen Grenzübergang von Edirne links liegen. Auf der Karte hatten wir noch einen weiteren Grenzübergang zwischen Edirne und dem Schwarzen Meer entdeckt.

Also befragten wir unser Navi-Orakel nach dem Weg und schwubs, schon waren wir abseits jeglicher zivilisierter Straßen.

Auf diesen Wegen hatten wir des Öfteren den Eindruck, ganz weit weg von jeglicher menschlichen Siedlung zu sein. Die Straßen waren schmal, schlecht und kaum befahren. Wegweiser sahen wir ebenso wenig wie Dörfer oder gar Menschen.

Dafür kam uns auf einem dieser Wege eine Landschildkröte entgegen. Lustiger Weise kroch sie genau auf der Mitte des Weges entlang. Ich, als vorsichtiger Autofahrer (Schatzi lacht jetzt beim Lesen), bemerkte die Schildkröte natürlich sofort, bremste und ehe ich etwas sagen konnte, hockte Schatzi schon vor dem Tier und fotografierte es von allen Seiten.

Beim Anblick der Verkehrswege verloren wir langsam das Vertrauen zu unserem Navi und wir versuchten, einige Dorfbewohner nach dem Weg zu fragen. Die Wenigen, die wir trafen und fragen konnten, halfen uns immer überaus freundlich weiter. Einmal bot sich ein Autofahrer an, vor uns herzufahren, ein andermal wurde uns sogar eine halbe Landkarte aufgemalt. Wir hatten immer die

Hoffnung, noch irgendwann an der Grenze zu Bulgarien anzukommen.

Als wir dann das erste Schild mit der Aufschrift: „Bulgaristan" sahen, stellten wir fest, dass das Navi doch recht hatte. Außerdem erinnerte uns das Schild, das Aussehen der Menschen und der Landschaft an das Buch: „Durchs wilde Kurdistan". Wobei, Kurdistan, Kasachstan, Bulgaristan klingt doch alles nach gleich viel Sand und Stein, Wind und Weite und Abenteuer; also auf geht's weiter nach Bulgaristan.

Wir waren schon sehr gespannt, was uns an der Grenze von der Türkei nach Bulgarien erwarten würde. Noch spekulierten wir über das Aussehen der Grenzhäuschen, als plötzlich und völlig unerwartet die Straße an einer Grundstückseinfahrt zu enden schien. Unsicher blickten wir uns um und überlegten noch, was wir nun tun sollten, als ein anderes Auto an uns vorbei auf das „Grundstück" fuhr. Ich, Gang rein und nichts wie hinterher.

Viele von euch kennen vielleicht noch Grenzstationen. Diese bestanden zumeist aus einigen größeren Verwaltungsgebäuden und den typischen kleinen Passkontrollhäuschen direkt an den Fahrspuren. Genauso sah es hier aus, nur schien es, als hätte die Natur schon wieder Besitz von allem ergriffen. Die Kontrollhäuschen standen leer, Gras wucherte auf den Fahrspuren, weit und breit kein Zoll, keine Polizei, nichts!

Gut, dass wir ein Auto vor uns hatten, so folgten wir diesem einfach. Das Auto parkte neben einem der Häuschen und als die Autoinsassen ausstiegen, sahen wir die ganzen Schilder. Erst dachten wir, es wären Angebotsschilder, wie wir sie von vielen Gaststätten kennen. Aber es handelte sich um Hinweistafeln, auf denen in verschiedenen Sprachen zu lesen war: „Hier parken - Passkontrolle andere Haus"! Na super, also nichts wie raus und schnell den anderen hinterher, die kennen bestimmt: „...andere Haus"!

Sie kannten es, zum Glück. Wir landeten in einem

runtergekommenen alten Flachbau. Als wir diesen betraten, offenbarte sich uns die vollkommene Ostalgie. Ein großer Raum, ähnlich einer Bahnhofshalle, und an drei Seiten befanden sich diverse Abfertigungsschalter. Nur, hinter den großen Scheiben war niemand zu sehen.

Alle Schalter waren mit türkischen und kyrillischen Schriftzeichen gekennzeichnet. Wir drehten eine Runde, vorbei an allen Fenstern und versuchten zu ergründen, an welchem wir uns nun anstellen sollten. Da nirgends ein Beamter zu sehen war und sich die eintreffenden Menschen auf verschiedene Schalter verteilten, konnten wir nicht ausmachen, welcher für uns der richtige sein könnte. Am Ende entschieden wir uns für den Schalter, an dem sich niemand anstellte.

Und tatsächlich kam zu unserem Schalter zuerst ein freundlicher, aber lustloser Beamter. Mit einem breiten Grinsen gab ich ihm unsere Reisepässe. Ohne sich diese näher anzusehen, suchte er einen freien Platz zum Stempeln, drückte mehrere auf eine leere Seite und begann mit dem Ausfüllen. Plötzlich verharrte er in seiner Bewegung, stutzte, fing an, hektisch in unseren Pässen zu blättern und begann fürchterlich zu fluchen.

Dann blickte er uns freundlich an, lächelte und sagte: „Hier rein, nix raus" und schimpfte über wen auch immer. Als er mit unseren Pässen seinen Platz verließ, schwante uns nichts Gutes. Da er sehr laut schimpfte, sahen uns die anderen Reisenden schon misstrauisch an. Aber, wir nix verstehen, wir doof!

Und mit so einem Blick standen wir da und harrten der Dinge. Der Beamte kam zurück, gab uns unsere Pässe wieder und schickte uns einen Schalter weiter. Nach wie vor wussten wir nicht, wie uns geschah und warum der nette Herr so fürchterlich geschimpft hat.

Die Dame am nächsten Schalter sprach etwas deutsch und bestätigte uns, dass wir unsere Bergziege wieder mitnehmen. Ja, ihr habt richtig gehört. Bei der Einreise wurde das Womo im Pass vermerkt und bei der Ausreise wieder ausgetragen.

Als wir sie höflich fragten, was wir falsch gemacht hätten,

grinste sie verschmitzt und erklärte uns, dass wir uns am Schalter für die Einreise in die Türkei angestellt hatten. Der Beamte hatte nun darauf vertraut, dass wir wussten, wo wir uns anstellen und hatte uns nochmals Einreisestempel in die Pässe gedrückt. Als er seinen Fehler bemerkte, war es schon zu spät und er musste zum Chef, um die falschen Stempel korrigieren zu lassen. Dies bedeutete für beide mehr Arbeit und dies wiederum freute die nette Dame, welche uns alles erklärte. Nun Gut, es ist doch überall dasselbe. Ein bisschen Schadenfreude verbessert das Betriebsklima ungemein.

Und das war es auch schon mit Grenze, dachten wir. Zurück am Womo freuten wir uns über die schnelle und doch freundliche Abfertigung. Obwohl wir uns schon wunderten, dass alle dieselbe Uniform trugen, schöpften wir keinen Verdacht!

Rein ins Womo und nichts wie weg, mit Grenzen haben wir so unsere Erfahrungen und sind immer froh, diese hinter uns zu lassen. Langsam rollten wir durch dieses Grenzbiotop in Richtung offene Straße.

Ah, doch noch eine Schranke, Zoll. Also nochmals die Pässe raus, die nette Dame blätterte alles durch. Sie suchte offensichtlich die Stempel, hob erstaunt ob der vielen, zum Teil durchgestrichenen Stempel die Augenbrauen und prüfte nun alles genau.

Zwischendurch blickte sie uns immer wieder an, lächelt dann, reicht uns die Ausweise zurück, sagt etwas auf (wahrscheinlich) Türkisch und dann öffnet sich die Schranke. Endlich waren wir durch.

Wir fuhren durch einen kleinen Wald. Aus einer Fahrspur wurden vier und schon standen wir am nächsten Grenzübergang. Oh nein, also waren dies gerade die Türken und jetzt standen wir vor den bulgarischen Beamten.

Allerdings konnten wir im Auto sitzen bleiben, hier kamen die Beamten noch zum Reisenden. Ein freundliches Nicken seinerseits und ein freundliches „Hallo" auf Bulgarisch unsererseits und schon waren wir uns sympathisch. Nachdem der Beamte unsere Pässe durchgesehen und wir diese zurück hatten, wollten wir gleich weiter.

Ich startete den Motor und fuhr an. „Stoi, Stoi – Zoll" schrie der Beamte. Sche..., das hätte auch schief gehen können. Wir hätten doch beinahe den Zoll vergessen.

Der junge Mann, welcher kurze Zeit später erschien, hatte wohl so ein altes Wohnmobil noch nicht gesehen! Oder er hatte noch nie ein Wohnmobil untersucht. Er wusste offensichtlich nicht, wo er nachsehen sollte und ließ sich deshalb alles von uns zeigen - was wir ihm zeigen wollten.

In schlechtem Englisch fragte er uns nach Wertsachen, Gold und Diamanten (Hallo, wir und Gold und Diamanten??). Das wertvollstes was wir haben, sitzt zu Hause, feiert Partys und freut sich, dass die Eltern 4 Wochen nicht da sind - unser Kinder! Und bitte, lieber Grenzbeamter, sieht dieses Wohnmobil nach „Wertsache" aus?

So zeigten wir dem Beamten die Nasszelle, einige unserer Staufächer, klappten die Sitzbänke hoch und als wir ihm den Kühlschrank öffneten, lächelte er, bedankte und verabschiedete uns mit den deutschen Worten: „Gute Reise"! Leider schafften wir es nur wenige Meter und schon wurden wir vom nächsten Beamten freundlich begrüßt.

In bekannter Manier schlich er um unser Womo, begutachtete ausgiebig die Frontscheibe und studierte jede Mautplakette genau. Als er die noch gültige bulgarische Plakette entdeckte, verzog sich auch sein Gesicht zu einem Grinsen. Dann hob er den Daumen in unsere Richtung und winkte uns weiter. Wir hatten es tatsächlich geschafft, die Grenze lag hinter uns und wir hatten keinerlei Schwierigkeiten trotz der einen oder anderen Ungeschicklichkeit unsererseits!

Kaum in Bulgarien wurde Schatzi ganz aufgeregt, hatte sie doch im Vorfeld in ihrem Schmetterlingsbuch gelesen, dass es hier Segelfalter geben sollte. Also hielt ich bei der erstbesten Gelegenheit an und erbot mich, einen Kaffee zu kochen.

Mit der Kamera in der Hand gab mir Schatzi einen Kuss und verschwand in Richtung Wiese. Selbstverständlich bot sie mir an, dass sie auch den Kaffee zubereiten könnte und ich zum Fotografieren ausrücken kann.

Aber: „Liebe ist, für Schatzi Kaffee zu kochen und ihr beim Fotografieren zuzusehen!" Schon kurze Zeit später hatte sie den ersten Segelfalter „abgeschossen". Bis der Kaffee fertig war, sind noch einige Dutzend andere Fotos tierischer Freunde dazugekommen. Als die Wiese abgegrast war und der Kaffee ausgetrunken, ging es weiter.

Für heute hatten wir genügend Kilometer hinter uns gebracht und so suchten wir uns auf den nächsten Kilometern einen Übernachtungsplatz. Schnell hatten wir diesen gefunden. Links der Straße entdeckten wir einen schmalen Weg, welcher durch die Baumreihen am Straßenrand hindurchführte und den Blick auf eine dahinterliegende Lichtung freigab. Als wir das kleine Stück Schotterpiste hinter uns gebracht hatten und auf der erspähten Stellfläche zum Stehen kamen, glaubten wir, ein Stück vom Paradies entdeckt zu haben.

Vor uns breitete sich eine größere Lichtung aus, diese war leicht hügelig und mit zahllosen Büschen und Sträuchern bewachsen. Alles blühte hier und entsprechend war alles voller Leben. Ein Paradies für Schatzi und nun endlich auch mal wieder für mich.

Dank der Baumreihen und Hecken konnten wir von der Straße aus nicht gesehen werden.

So schnappten wir unsere Kameras und zogen aus, die hiesige Fauna und Flora einzufangen! Nach hunderten von Fotos machte ich mich daran, das Abendbrot vorzubereiten. Heute sollte es gegrillte Lammkoteletts mit Salatvariationen der Saison an alten Brotkanten (wir hatten vergessen, frisches zu kaufen) geben. Dazu reichte der Chef de cuisine einen trocknen Rotwein und als Dessert ganz viel Liebe!

Donnerstag - Das „verschlafene Fischerdorf"

Die folgende Nacht war relativ kurz. An diesem Standort mussten wir einfach zeitig aufstehen, immerhin lassen sich frühmorgens die Käfer und Schmetterlinge noch besser fotografieren.

Nachdem wir 673 Fotos im Kasten hatten, konnte ich das Womo einräumen und wie fast immer starteten wir noch vor dem Frühstück.

Heute wollten wir dem Schwarzen Meer in Bulgarien einen Besuch abstatten und dort eine Nacht verbringen. Ich halte ja nicht so viel von Reiseführer, aber Schatzi hatte doch einen Marco Polo von Bulgarien mitgenommen und in diesem ein „... kleines, verträumtes Fischerdorf ... welches noch nicht vom Massentourismus überfallen wurde ..." gefunden. Kurzerhand wurden alle notwendigen Angaben ins Navi eingegeben und es konnte losgehen.

Unterwegs mussten noch ein paar Streckenkorrekturen vorgenommen werden; das Navi führt uns manchmal auf große Straßen, diese allerdings wollten wir gerne vermeiden.

Auf den nächsten Kilometern zum „verträumten" Fischerdorf wurde es nicht langweilig. Die Straßenverhältnisse wechselten laufend, von schlecht zu sauschlecht bis hin zu grottenschlecht und dann wieder sauschlecht. Außerdem entdeckten wir immer wieder irgendein kleines „Flattervieh" am Wegesrand. So kamen wir manchmal nur wenige hundert Meter weiter, bevor ich wieder für Schmetterlinge bremste.

Aber unser Ziel verloren wir nicht aus den Augen und so näherten wir uns unaufhaltsam der Küste. Endlich war es soweit, wir erreichten das „verträumte Fischerdorf".

Eine staubige Sandpiste empfing uns und wie in einem schlechten Werbefilm der Tourismusindustrie wurde diese gesäumt von unzähligen 5stöckigen Appartementhäusern, welche eindeutig erst in den letzten Monaten entstanden sein konnten. Wenn man Las Vegas als Provinzörtchen ohne Spielsalons bezeichnen würde, hätte man auch diesen Ort als verträumtes Fischerdörfchen bezeichnen können.

Kurzum, unsere Enttäuschung war grenzenlos. Was wir hier vorfanden, war alles andere als „verträumt". Der gesamte Ort war zugebaut mit hunderten von Häusern, wie sie zu tausenden an der spanischen Mittelmeerküste zu finden sind. Der entscheidende Unterschied zur spanischen Küste bestand einzig aus der hier völlig fehlenden Infrastruktur. Außer den Häusern und den Menschen war hier nichts neu.

Die Straßen konnten wirklich nicht als solche bezeichnet werden und die Autos waren den Straßen angepasst. Natürlich gab es auch hier schon eine ganze Menge neuer Autos namhafter Hersteller. Besonders beliebt schienen deutsche Marken zu sein. Beim Anblick derer bekam ich fast Mitleid.

Es stellte sich die Frage: Bewährt sich hier deutsche Qualität und hoffentlich können die aus Süd-West-Deutschland wirklich mehr als kein Hochdeutsch!

Nachdem wir uns vom ersten Schock erholt hatten, galt es nunmehr, wenigstens einen Zugang zum Meer zu finden und ein kühles erfrischendes Bad zu nehmen. So folgten wir dem Straßenverlauf aus dem Ort raus. Nur wenige hundert Meter, nachdem wir diesen verlassen hatten, konnten wir das Schwarze Meer, in der Ferne sehen.

Als einige Autos von der Straße abfuhren und in einen Feldweg einbogen, folgten wir diesen. Alle schienen nur eine Richtung zu kennen - ans Meer! Mit jedem Meter, den wir fuhren, veränderte der Weg sein Profil. Mit Schrecken sahen wir, wie die Autos vor uns ganz langsam und vorsichtig den Geländeparcourt durchschaukelten.

Nun hatte der Weg mehr Ähnlichkeit mit einer Offroadteststrecke, als mit einem befahrbaren Weg. Teilweise verschwanden die PKWs bis über die Räder in den ausgefahrenen Schlaglöchern. Ähnlich kleiner Fischkutter auf hoher See, tauchten sie immer wieder ab, um sich wenig später wieder noch oben zu kämpfen. Und immer mittendrin, unser Womo!

Zu allem Überfluss kamen uns immer mehr Autos entgegen und wir mussten aufpassen, nicht im 45 Grad Winkel mit den

Entgegenkommenden zu kollidieren. Es war nicht nachvollziehbar, wo die ganzen Autos herkamen bzw. wo diese hin wollten.

Weit und breit war nichts zu sehen. Erst als wir uns mühsam bis zu einer kleinen Anhöhe vorgeschaukelt hatten, wurde uns schlagartig klar, was hier los war. In einiger Entfernung sahen wir das Meer, vom Strand konnten wir vor lauter Autos und Wohnwagen nichts erkennen. Ein riesiges Campinggelände versperrte uns die Sicht auf alles Schöne.

Von weitem sah es aus wie ein Wespennest, in das immer wieder neue Wespen flogen und andere sich wieder davon machten. Selbst Menschen waren nicht zu erkennen, so überfüllt war alles mit den Blechkarossen. Sofort wendete ich in einem ausreichend großen Loch und wir traten die Flucht an.

Es tut mir leid, dass der ein oder andere Autofahrer dafür auf das freie Feld ausweichen musste. Ich hoffe nur, dass sich alle wieder alleine aus dem losen Dreck befreien konnten.

Verzweifelt versuchten wir, auf den nächsten Kilometern nochmals ans Schwarze Meer zu kommen, aber vergeblich. Entweder war das Meer zu weit entfernt, oder von weitem war alles voller Menschenmassen oder aber die Zufahrtswege verdienten diesen Namen nicht.

So schlängelten wir uns Kilometer um Kilometer möglichst lange am Meer entlang. Entnervt bogen wir später ab ins Landesinnere. In der nun folgenden bergigen Landschaft hofften wir einen geeigneten Übernachtungsplatz zu finden.

An einer kaum befahrenen Landstraße, auf einer Bergkuppe, entdeckten wir dann einen möglichen Platz. Dieser wurde genau inspiziert und nach allem Abwägen des Für und Wider wurde der Platz als „nicht passend" eingestuft.

Wir machten kehrt und fuhren ein Stück zurück. Dann einen Feldweg entlang und dann standen wir, nach ca. 1 km Fahrt vor Wegverhältnissen, die Schatzi als nicht befahrbar deklarierte. Als wir ausstiegen und uns umsahen, stellten wir fest, dass wir hier von der

Straße uneinsehbar waren und keine Menschenseele weit und breit zu sehen oder zu vermuten war. Das sollte nun unser Übernachtungsplatz in Bulgarien werden!

So richteten wir uns mitten auf dem Feldweg häuslich ein. Gut, dass uns niemand sehen konnte, wie wir da so mitten auf dem Weg standen, Tisch und Stühle daneben, uns sonnten und später konnten wir sogar im Freien duschen.

In der größten Entspannungsphase klingelte plötzlich mein Diensthandy. Ich überlegte kurz, wir stehen hier in der einsamsten Pampa, mitten in Bulgarien und mitten im Urlaub, dies kann eigentlich kaum sein. Und doch, es klingelte wieder. Da muss wohl jemand große Sehnsucht haben und warum habe ich das Ding nicht ausgeschaltet?

Als ich ranging, meldete sich mein Chef. Dieser wollte mir lediglich mitteilen, dass mit meiner Versetzung alles klar geht und alle Beteiligten zugestimmt haben. Na toll, dies hätte doch auch noch 2 Wochen länger Zeit gehabt. Schließlich warte ich schon seit 6 Monaten auf diesen Anruf und wie sich später rausstellte, dauerte es nochmals 8 Monate, bevor es wirklich soweit war. Diese Geschichte erzähle ich euch aber vielleicht ein andermal.

Nach dem Anruf habe ich das Handy endlich ausgeschaltet und wir widmeten uns wieder voll und ganz den wichtigen Dingen im Leben, wie zum Beispiel Essen und Trinken, Wein, Weib und Gesang. Wobei, dass mit dem Singen habe ich sein lassen, diese Energie habe ich anderweitig verteilt!

Ihr könnt euch nicht vorstellen, wie ruhig diese Nacht wieder einmal war. Außer einigen Tiergeräuschen und Schatzis gelegentliches „Pfffff, Pfffff, Pfffff!", war absolut nichts zu hören. Auch war es endlich etwas kühler und so wurde es eine ganz entspannte Nacht!

Freitag – Riesenbadewanne am See

Der 14. Morgen seit unserer Abreise begann und wir hatten schon so viel erlebt. Aber wir wollten noch mehr. Und so packten wir an diesem Morgen unsere sieben Sachen und starteten gegen 8 Uhr voll durch!

Heute wollten wir Bulgarien durch- und die Donau in Rumänien überqueren. Auf unserem Weg durften wir die Aufgabe des Tages, Wasser zum Auffüllen unseres Wasservorrates zu finden, nicht aus den Augen verlieren.

Doch erst einmal mussten wir unsere kleine Bergziege heil aus Bulgarien rausbringen. Die Straßenverhältnisse wurden immer schlechter, „Schweizer Asphalt" (ihr wisst schon, der hat seinen Namen vom gleichnamigen Käse) wechselte sich mit „Baustellen-, Übungsgelände- und Schotterpiste-Asphalt" ab.

Zum Glück war unsere Bergziege nicht mit Elektronik vollgestopft, so konnte diese schon mal nicht ausfallen. Im schlimmsten Fall rechneten wir mit einem Achsbruch. Zu unserer Erleichterung hatten wir keinerlei größere Ausfälle, bis auf ...!

Gut, an dieser Stelle also die Geschichte von der Hektik, der Wärme und dem Bett!

Nach der ersten Urlaubswoche fiel die Elektrik von unserem Hubbett aus. Dazu müsst ihr wissen, dass sich im hinteren Teil unseres Womos, über der Essecke, ein elektrisch absenkbares Doppelbett befindet. Somit brauchen wir die Essecke nicht als Schlafplatz umbauen, sondern ein Knopfdruck genügt und unser Bett schwebt zu uns herab.

Wie gesagt, in Istanbul hatte es sich ausgeschwebt. Abends konnten wir es noch runterfahren und am Morgen war Schluss und die Elektrik tat keinen Ton mehr. Dann hatte ich versucht, den Fehler zu beheben, in dem ich die Leitungen überprüfte.

Diese liegen leider nicht so offensichtlich rum und bei 40 Grad im Wohnmobil verlor ich sehr schnell die Lust, genau nachzusehen. So fügten wir uns in das Schicksal und das Bett blieb unten. Für sich genommen, war das mit dem Bett ja kein großes Problem. Das Bett war unten und wir konnten nach wie vor gut darin schlafen.

Das Problem kam immer erst nach 21 Uhr auf. Im Allgemeinen kamen zu dieser Zeit die Mücken zu tausenden aus ihren Verstecken. Für uns bedeutete dies, dass wir uns zu dieser Zeit ins Womo zurückziehen mussten. Bei weit über 30 Grad, die das Thermometer dann noch anzeigte, kein Vergnügen.

Da das Bett auch die Fenster verdunkelte, saßen wir gebückt in der Essecke im Dunkeln und ohne jegliche Frischluft. Und dort staute sich die Hitze erst richtig. Um es höflich auszudrücken, es war unangenehm.

Aus irgendeinem Grund halfen die schlechten Straßen der Elektrik ab und zu auf die Sprünge. Denn auf der Fahrt durch Bulgarien funktionierte das Bett ab und an. Kaum in Rumänien versagte die Elektrik aber endgültig und zu allem Überfluss funktionierte nun auch die Zündung für die Warmwasserbereitung nicht mehr. Bei Tagestemperaturen um die 30 Grad konnten wir gut auf Warmwasser verzichten.

Zu Hause angekommen, nahm ich mir dann nochmals Zeit, suchte in aller Ruhe und fand die Ursache. EIN Kabelschuh war aus der Kabelhülse gerutscht. In Bulgarien lag er offensichtlich noch in der Nähe und so gab es manchmal noch Kontakt.

Im Nachhinein hätte ich mich in den Ar... beißen können. Hätte ich unterwegs keine Hektik gemacht, sondern in Ruhe gesucht, hätte wir das Bett ganz normal hoch und runter fahren können und warmes Wasser hätten wir auch gehabt.

Aber, wie sagte schon Konfuzius: „Hätte der Hund nicht geschi..., hätte er den Hasen erwischt!“

Nun wieder zurück auf die bulgarischen Straßen. Das Einzige, was bei diesen Straßenverhältnissen wirklich half: Augen zu, Gas geben - nur fliegen ist schöner. Obwohl sich Turbolenzen in der Luft genauso anfühlen müssen wie das Befahren bulgarischer Straßen.

Als wir uns der Touristenhochburg Varna näherten, wurden die Straßen doch tatsächlich etwas besser. Am Stadtrand fanden wir ein großes Einkaufszentrum, in dem wir, ich betone WIR, unseren Shoppinggelüsten freien Lauf lassen konnten. Zuerst ging es natürlich in den Supermarkt, schließlich hatten wir fast nichts mehr zu essen. Wir und fast nichts mehr zu essen! Wer uns kennt weiß, dies ist ein Scherz. Uns könnte alles ausgehen, nur Essen und Trinken niemals!

Am Ende unseres Rundgangs durch den Supermarkt hatte sich unser Einkaufswagen in einen Tieflader verwandelt und unser Kassenbon war ungefähr 1,80 m lang. Mit den gekauften Leckereien hätten wir durchaus einen Atomschlag 2 Jahre überleben können.

Erschöpft von den vielen Einkaufsentscheidungen wollten wir erst einmal Kaffee trinken. Selbstverständlich fanden wir in dieser Mall auch ein schönes Café.

Wie Frauen so sind, musste Schatzi anschließend noch auf die Toilette. Als sie zurückkam, säuselte sie: „Schatz, da vorne habe ich einen tollen Laden mit Herrensachen entdeckt. Du wolltest dir doch noch eine Hose kaufen.".

Innerlich hielt ich mir den Bauch vor Lachen, „..ich wollte mir noch eine Hose kaufen!". Ich habe mindestens noch zwei Stück und die reichen für jeden Anlass, von Womo Reparatur bis Theater. Ach so, und zwei Fahrradhosen habe ich auch noch! Ihr seht, für einen Mann bin ich perfekt ausgestattet – zumindest in Puncto Hosen.

Lange Rede, kurzer Sinn, aus Schatzis Worten habe ich rausgehört, dass sie mir mal wieder einige Klamotten kaufen möchte, bzw. noch besser, ich sage: „Oh, das ist ja schön, Schatzi, dass du so einen Laden entdeckt hast. Ich hatte schon die ganze Zeit Ausschau danach gehalten, vielleicht finde ich dort ja das ein oder andere neue Teil für mich! Lass uns gleich mal schauen gehen." Das schlug ein wie eine Bombe; bin ich nun der Frauenversteher oder nicht?

In dem vorgeschlagenen Geschäft erstanden wir einige sehr

schöne, qualitativ sehr gute und für unsere Verhältnisse auch recht günstige Sachen.

Als wir das Shoppingcenter verließen, glühte nicht nur mein Kopf, auch die Kreditkarte hatte es schwer, langsam wieder auf Normaltemperatur zu kommen. So hieß es für mich, schnell weg aus diesem Sündenpfuhl.

Kurze Zeit später näherten wir uns der rumänischen Grenze. Auf einer kleinen Landstraße wiesen einige Schilder darauf hin. Am rechten Straßenrand stand ein kleines Haus und die wenigen Autos, welche hier langfuhren, hielten alle vor dem Haus an. Selbstverständlich wir auch.

Allerdings fanden wir keine Möglichkeit, unsere Pässe vorzuzeigen. Alles was wir fanden, war eine Geldwechselstelle. So gingen wir langsam zum Womo zurück, sahen uns unsicher um, stiegen ein und fuhren vorsichtig davon. Niemand verfolgte uns, keiner hielt uns auf. Das war's, wir hatten die Grenze hinter uns.

Wieder in Rumänien fühlten wir uns besser. Rückblickend erschien uns Bulgarien irgendwie suspekt, obwohl wir keinerlei negative Erlebnisse hatten.

Das erste, was uns in Rumänien auffiel, Wasser hatten wir immer noch keins! Das sollte doch hier kein Problem sein, wo die Donau nicht weit weg ist.

Und tatsächlich, als wir über die Landstraßen fuhren, entdeckten wir in einem kleinen Dorf einen abgedeckten Brunnen. Also haben wir unsere Bergziege an diesem Brunnen in Stellung gebracht und gehofft, dass der Eimer bis zu unseren Tanks reicht.

Leider ein Trugschluss und so musste das Wasser erst in unseren Kanister umgefüllt werden. Schatzi und ich hatten wieder einmal die perfekte Arbeitsteilung

Ich kurbelte den vollen Eimer aus der Tiefe nach oben, füllte das Wasser in den Kanister und dann in den Womotank; und Schatzi? Schatzi stand mit dem Fotoapparat etwas abseits und fotografierte meine schweißtreibenden Anstrengungen. Aber so hatten wir beide etwas zu tun, was uns Spaß machte.

Als die Tanks voll waren, ging es weiter. Als nächstes wollten wir dem Ort Murfatlar einen Besuch abstatten. Murfatlar sagt bestimmt den meisten „Ostgeborenen" unserer Generation noch etwas. Ein süffiger, goldgelber, lieblicher bis süßer Weißwein aus Rumänien. Abgefüllt in einer schlanken Flasche mit gelbem Etikett. Neben Cotnari stellte das Weingut Murfatlar immerhin eines der zwei Hauptweingüter in Rumänien dar.

Wir hatten allerdings nicht mit dem gerechnet, was wir dann antrafen. Gern hätten wir den einen oder anderen Tropfen probiert und dann auch einige Flaschen davon mitgenommen. Zwar trinken wir überwiegend trockene Weine, aber ansehen und schauen, was es gibt, wollten wir auf jeden Fall.

Der Ort selber erschien sehr karg und einfach, er hätte auch durchaus im Süden Spaniens liegen können. Staubige Straßen, runtergekommene Häuser, die Sonne brannte und die Luft flimmerte. Nichts hier ließ auf ein Weingut schließen. Doch halt, an dem Restaurant dort, an der großen Kreuzung stand „Popasul Murfatlar", was so viel heißt wie: Rasthof oder Rasthaus Murfatlar!

Im Vorraum des Rasthauses erwartete uns eine sehr nüchterne, fast kühle Atmosphäre. Auch als wir weiter zum Gastraum gingen, deutete nichts auf ein Weingut hin. Hilfsbereit eilte eine Bedienung auf uns zu und sprach uns auf Rumänisch an.

Natürlich verstanden wir kein Wort und so lächelten wir und starteten eine Gegenfrage: „Vino Murfatlar?". Sie nickte eifrig und bat uns einzutreten. Jetzt sah es eher nach Bahnhofshalle als nach Weingut aus und wir standen unschlüssig rum. Die einheimischen Bauleute, welche an einem Tisch am anderen Ende des Raumes saßen, begutachteten uns neugierig. Endlich entschlossen wir uns, Platz zu nehmen und zwei kleine Gerichte zu bestellen.

Hunger hatten wir eigentlich nicht, aber wenn wir uns setzten und etwas zu essen bestellten, wäre es die beste Möglichkeit, Zeit zu gewinnen. Wir ließen uns die Karten kommen und mit unseren zwischenzeitlich erworbenen „umfangreichen" Rumänisch Kenntnissen fanden wir zwei Gerichte heraus, welche uns essbar erschienen. Und dies waren sie wirklich und obendrein noch sehr lecker. Wir bekamen einmal Fisch und einmal Hühnchen serviert, einfach und sehr schmackhaft.

Selbstverständlich bestellten wir Murfatlarwein dazu. Auf die Frage nach der Farbe antworteten wir „Blanco" und so bekamen wir zwei Gläser Weißwein zum Essen. Dieser war nicht schlecht aber auch kein Wein zum „in die Haare schmieren"!

Nun begann der Krampf mit der Frage nach Wein zum Mitnehmen aufs Neue. Von alldem, was uns die Kellnerin auf unsere Frage erwiderte, verstanden wir lediglich immer wieder Kilo, Kilo, Kilo und immer wieder Kilo. Wir wollten aber keine Kilo, wir wollten Wein und das sind Liter. Schließlich gaben wir uns geschlagen und bestellten die kleinste mögliche Menge - 6 Kilo!

Dann geschah das schier unglaubliche, die Kellnerin erschien mit einer 6 Liter Plastikflasche, deren Etikett noch von einer süßen Limonade erzählte. Stolz stellte sie die Flasche auf unseren Tisch und sagte: „Vino Murfatlar". Die Männer am Nachbartisch sahen uns bewundernd an.

Später konnten wir uns denken, warum wir so bewundert wurden. Die Beiden, welche 6 Liter von diesem „edlen" Getränk trinken können bevor es Essig wird oder sie sich übergeben müssen, sollten wirklich bewundert werden! Der Blick der Kellnerin zollte uns ebenfalls Respekt und Hochachtung. Wir vermuten, dass nicht viele Touristen hierher kommen und 6 Liter Wein in der Plastikflasche kaufen.

Wo sich das eigentliche Weingut befand, erfuhren wir erst viel später. Etwas abseits gab es ein „Vorzeige-Weingut", welches fast ausschließlich Bustouristen vorbehalten ist. Betreten nur mit Voranmeldung und anschließender Weinprobe. Somit hatten wir das einzigartige Vergnügen, den Wein so zu kaufen, wie ihn auch die Einheimischen erwerben können und zum selben Preis wie diese. Für die 6 Literflasche haben wir ca. 8 € bezahlt.

Nun hatten wir den gewünschten authentischen Wein, hatten eine Kleinigkeit gegessen und so konnte es weiter gehen, dem nächsten Abenteuer entgegen.

Durch die Donauniederungen strebten wir nun der großen Donaubrücke zu. Diese überquert das große Donauknie im Südosten Rumäniens. Da wir auf der Hinreise fast 100 € für die Fahrt über die Donau bezahlt hatten, ahnten wir nichts Gutes.

Die Landschaft hatte hier viel Ähnlichkeit mit Schleswig Holstein, sehr platt, sehr viele Felder, nur so heiß wurde es im Sommer bei uns sehr selten.

Dann kam eine riesige Brücke näher. Rechts neben der Straße verlief parallel eine zweigleisige Eisenbahnbrücke, über welche sich eine beeindruckende Stahlkonstruktion spannte.

Die Brücke, oder man hätte es auch als Hochstraße bezeichnen können, zog sich Kilometer um Kilometer hin. Unter uns konnten wir ein riesiges Schwemmland ausmachen, über welchem sich die Brücke spannte.

Dann wurden die Autos langsamer und? Richtig, eine Mautstelle kam in Sicht. Wir sind die ganze Zeit auf einer Art Autobahn gefahren, welche zwischendurch auch keinerlei Extraspuren oder Abfahrten aufwies, so staunten wir nicht schlecht, als es an der Mautstelle eine separate Spur für Fahrradfahrer und Fußgänger gab. Und das Kurioseste, auch für diese war die Brückenüberquerung kostenpflichtig.

Die Stunde der Wahrheit rückte immer näher und als wir uns dem Zahlhäuschen näherten, staunten wir nicht schlecht. Für uns sollte die Überquerung gerade einmal 11 € kosten. Wozu haben wir für die blöde Fähre und das Drumherum fast 100 € bezahlt? Na gut, Abenteuer kosten manchmal eben Geld.

Nach der ermüdenden Fahrt wurde es nun Zeit für uns, einen passenden Übernachtungsplatz zu finden. Aufgrund der hohen Tagestemperaturen hielten wir nach einem Wald oder wenigstens nach ein, zwei Bäumen Ausschau, in deren Schatten wir die Nacht verbringen könnten.

Alternativ wollten wir eventuell irgendwo an der Donau übernachten oder wenigstens in der Nähe, um etwas Nachtkühle abzube-
kommen. Auch wäre es schön einen Platz zu finden, an dem Schatzi
Tiere beobachten bzw. besser noch, fotografieren kann. Aber all dies
stellte sich als schwieriges Unterfangen raus und so kurvten wir
durch das „schöne" mehr oder weniger langweilige Donauland.

Wie heißt es doch so schön: „Wer suchet, der findet!". So fanden auch wir einen möglichen Übernachtungsplatz an einem See. Die
Einfahrt zu diesem glich eher der Einfahrt auf ein Betriebsgelände,
als der Zufahrt zu einem naturbelassenen See. Der Zaun fehlte und
ein Stück vor der Einfahrt stand ein Schild, ähnlich den unsrigen, die
ein Landschaftsschutzgebiet anzeigen.

Aber weder an der Einfahrt noch am See stand irgendein Ver-
botsschild, im Gegenteil, etwas weiter hinten sahen wir am Seeufer
badende Kinder. Also alles gut, das Womo etwas oberhalb des Ufers
abgestellt, Tisch und Stühle raus und ehe ich mich versah, hatte
Schatzi schon die Kamera in der Hand und ich hörte das vertraute
Klick, Klick, Klick. Tatsächlich wimmelte es am Seeufer und im angrenzenden Schilf nur so von gefiederten Freunden.

Ich machte es mir im Liegestuhl gemütlich und Schatzi war
lange Zeit nicht mehr gesehen. Dafür hatte ich genügend Zeit, die
Umgebung und das Kommen und Gehen zu beobachten. Dabei fielen
mir einige Männer auf, welche zu einem großen Behälter gingen,
ähnlich einem Rückhaltebecken, aus dem einige Rohre rein und wieder herausführten und dort offensichtlich ihre abendliche Körperrei-
nigung vollzogen.

Der Reihe nach kamen einige Männer und wuschen sich mit
dem Wasser aus dem Becken und dies taten sie sehr ausgiebig. Ich
überlegte, super, dann können wir uns hier heute Abend auch waschen und sparen uns das Wasser aus dem Womo. Was für die Einheimischen gut ist, kann für die Touristen nicht schlecht sein, dachte
ich!

Als das überdimensionale „Waschbecken" frei war, ging ich hin, um die Sache näher zu untersuchen. Tatsächlich handelte es sich um warmes Wasser, es hatte sehr gute Badewannentemperatur. Allerdings sah es aus, als hätte das halbe Dorf schon darin gebadet und so roch es auch. Ich fand unsere Womodusche, gefüllt mit frischem Brunnenwasser, ist doch um einiges besser und diesem Gemeinschaftsbad vorzuziehen!

Schauen wir mal, was Schatzi zu dieser Waschgelegenheit meint. Als sie von ihrem Fotoausflug zurückkehrte, erzählte ich ihr von der „Badewanne", nur verschwieg ich vorerst die Wasserqualität.

Sie hatte denselben „Wasch-Gedanken" und ging schon mit einem Handtuch bewaffnet hin, um die Temperatur zu prüfen. Von weitem konnte ich sie beobachten und sah, wie sich Unbehagen auf ihrem Gesicht breit machte. Schnell rief ich zu ihr rüber: „Ach Schatzi, sei vorsichtig, das Wasser riecht ein wenig, es waren schon einige Bauern vor dir drin!"

Oh, oh, ihr hättet ihr Gesicht sehen sollen als sie zurückkam. Das sah nach Ärger aus und tatsächlich, mit der Bemerkung ich sei unmöglich, bekam ich einen liebevollen Klaps auf den Hinterkopf. Schatzi meinte, ich hätte wirklich eine harte Schale aber ein weiches Hirn! Wie meint sie das nur?

Egal, jetzt musste ich mich um das Abendbrot kümmern. Als ich gerade angefangen hatte, radelte ein Mann mittleren Alters auf uns zu. Er nahm einen Beutel vom Lenker und legte sein Rad neben das Womo. Dann stand er etwas schüchtern da und versuchte ein Gespräch mit uns anzufangen. Als wir seinen Ausführungen nicht folgen und sein Anliegen auch mit Händen und Füßen nicht verstehen konnten, entnahm er seinem Beutel Tomaten, eine Flasche Milch und einige Eier. Mit einem Lächeln und einigen weiteren unverständlichen Worten überreichte er uns dies alles.

Wir waren platt! Was ist nur mit diesen Menschen los? Sehen wir wirklich so verhungert aus? Wir standen da wie zwei begossene

Pudel. Um die Situation zu retten, boten wir ihm zuerst einen rumänischen Schnaps an. Nach dem dritten verstanden wir uns dann doch mit Händen und Füßen.

Zwangsläufig hatten wir vor einigen Stunden schon unsere 6 Literflasche Wein in Literflaschen umgefüllt (unser Kühlschrank fasst keine 6 Literflaschen und warm schmeckte der Wein wie ..., naja). Stolz überreichten wir ihm nun eine Mineralwasserflasche, gefüllt mit einer goldgelben Flüssigkeit, mit den Worten: „Prima Vino Murfatlar".

Daraufhin überzog ein breites Grinsen sein Gesicht. Er nickte eifrig und packte die Flasche in seinen Beutel. Insgeheim überlegten wir, was wir ihm noch schenken könnten. Schatzi hörte dann raus, dass er eine Frau und Kinder hat. Sofort suchte sie einige Probepackungen diverser Kosmetikartikel raus und gab sie ihm. Nun lächelte er noch breiter als beim Wein, schwang er sich auf sein Rad und radelte schnell davon.

Es dauerte aber nur wenige Minuten und schon kam er mit Frau und Kindern zurück. Letztere waren natürlich sehr neugierig und wollten gerne in unser Wohnmobil. Schatzi zeigte und erklärte ihnen alles ganz genau. Die Begeisterung kannte keine Grenzen, die beiden Mädchen und der Junge waren hin und weg von so viel Luxus.

Dabei ist unsere Bergziege nur ein ganz einfaches älteres Womo. Aber den Kindern muss es vorgekommen sein, wie ein Fahrzeug aus einer anderen Welt. Wortreich wurden wir eingeladen, bei ihnen zu übernachten und zum Essen mit zu ihnen zu kommen.

Im Gegensatz zu Ion und seiner Familie, die wir auf der Hinreise in Transsilvanien kennen gelernt hatten, machte diese Familie einen wesentlich ärmeren und unsaubereren Eindruck. Bitte versteht uns nicht falsch, alle waren sehr nett, freundlich und herzlich, aber wir bevorzugten unser Womo zum Waschen und Übernachten. So lehnten wir ihr Angebot dankend ab.

Wir verbrachten noch einige Zeit mit der Familie und Schatzi beschenkte die Frau und die Töchter noch mit weiteren

Kosmetikartikeln, was zu Freudentränen bei den Mädchen führte.

Irgendwann, unsere Flasche Schnaps hatte sich schon mächtig geleert, bemerkten wir, dass der Mann versuchte uns mitzuteilen, das hier irgendetwas verboten ist. Nur konnten wir nicht rausfinden, was er meinte. Spät am Abend verabschiedeten sich alle und machten sich auf den Heimweg zu ihrem Hof.

Dank des Schnapses war nun auch unser Hunger fast weg und so aßen wir nur noch eine Kleinigkeit, wuschen uns und wollten gerade ins Bett, als ein Moped neben unserem Womo hielt. Der Fahrer redete aufgeregt auf uns ein. Er zeigte immer wieder auf den See und schüttelte den Kopf, aber wir hatten keine Ahnung, was er wollte.

Das Womo hätte ich hier sowieso nicht mehr wegfahren können. Durch den Alkohol war die Ausfahrt auf 1 m geschrumpft. Da wäre ich nie durchgekommen. Nachdem er dies einsehen musste, zog der Mopedfahrer unverrichteter Dinge wieder ab.

Endlich Bett! Als sich mein schaukelnder Kopf gerade beruhigte und stabilisiert hatte, hielt ein PKW neben unserem Womo. Zwischenzeitlich war es fast Nacht. Dann klopfte es an der Tür. Auf dem Weg dahin krallte ich mir vorsorglich noch das Pfefferspray. Dann öffnete ich die Tür.

Und wieder stand ein Mann vor der Tür, vielleicht kommen die alle wegen Schatzi. Bestimmt herrscht hier Frauenmangel. In fließendem Rumänisch sprach er wild auf uns ein, gestikulierte und wollte irgendetwas von uns wissen, aber was?

Und dann endlich drang es durch mein verschnapstes Hirn. Er zeigte auf eine Angel, die er in der Hand hielt, dann auf den See hinaus und schüttelte immer mit dem Kopf. Nein, guter Mann, wir gehen hier bestimmt nicht angeln, wir wollen nur hier schlafen.

Mit ein paar Brocken Deutsch erklärte er uns, dass der See und die Tiere hier unter Schutz stehen. Ich nickte immer wissend und versprach ihm, die Tiere und den See nicht anzurühren, Hunger hatten wir eh keinen mehr! Entweder lag es an meinem glasigen Blick oder er hatte eingesehen, dass es keinen Zweck hatte mit mir zu reden, auf jeden Fall sprach er nicht länger auf uns ein. Er reichte mir lächelnd die Hand, drohte mir lustig mit dem Zeigefinger und verabschiedete sich, winkend.

Dann kehrte endlich Ruhe ein und wir hatten tatsächlich die ganze Nacht keine weiteren Besucher. Von der Müdigkeit übermannt schliefen wir in dieser Nacht tief und fest.

Samstag – Unheimliche Begegnung mit der „Wilden Natur"

Gott, haben wir herrlich geschlafen, ruhig, kühl, einfach super. Der nächsten Morgen begann mit dem Gezwitscher der verschiedensten Vögel. Als wir dies vernahmen und uns der Folgen bewusst wurden, galt es so schnell wie möglich aufstehen, Zähne putzen und dann raus.

Wir hatten richtig Glück. Zu dieser frühen Morgenstunde erwachte die Natur gerade. Weit hinten auf dem See erspähten wir einige Pelikanpärchen, weiter vorn am Ufer entdeckten wir Seeschwalben, Bienenfresser und sogar einen Wiedehopf konnten wir fotografieren. Auf diesen war Schatzi besonders stolz, denn der Wiedehopf ist sehr selten zu sehen und noch seltener lässt er sich in freier Natur fotografieren. Ein Tier zu sehen ist die eine Sache, es dann gut zu fotografieren eine ganz andere Sache.

Nehmt zum Beispiel eine Elster. Jeder von euch hat bestimmt schon einmal eine gesehen, aber habt ihr schon mal versucht, eine Elster von nahem, im richtigen Licht und in der richtigen Pose zu fotografieren? Glaubt uns, ohne Anfüttern oder Ähnlichem ist es unheimlich schwer, wild lebende Tiere gut zu fotografieren.

Wenn wir geahnt hätten, was wir am Ende dieses Tages noch vor die Linse bekommen sollten, hätten wir hier keine Sekunde mehr in Ruhe verbringen können. Der Wiedehopf ist schon selten, aber gegen das Tier, welches uns heute noch begegnen sollte, kam uns der Wiedehopf wie ein alltäglicher Spatz vor!

Doch der Reihe nach, nachdem wir alles abfotografiert hatten, ging es erst einmal weiter. Heute standen uns nur 123 km bevor, wohin es genau gehen sollte, stand allerdings zu diesem Zeitpunkt noch nicht fest.

Schatzi und ich konnten uns nicht so wirklich einigen, wohin es nun weitergehen sollte. Nur eins wussten wir, wir wollten Richtung Norden. In unseren vorbereiteten Reiseunterlagen entdeckten wir ein Naturschutzgebiet in der Nähe von Brasov. Hier sollte es auch ein Skigebiet geben. Gut, Skifahren kam zurzeit nicht in Frage, aber aus der Erfahrung wissen wir, dass im Sommer in Skigebieten ausgezeichnete Übernachtungsmöglichkeiten zu finden sind. Parkplätze vor Liftanlagen sind fast immer sehr schöne Plätze.

Der Weg dorthin gestaltete sich sehr abwechslungsreich. Unter anderem kamen wir an endlosen Sonnenblumenfeldern vorbei und da sind meist mobile Honigwagen nicht weit. An einem dieser Wagen hielten wir wieder einmal an und Schatzi stiefelte los, um Honig direkt vom Erzeuger zu kaufen. Auch diesmal ging ihre Rechnung auf und sie erstand mehrere Gläser besten Honigs. Es war schon faszinierend, Schatzi sprach kein Wort Rumänisch und ihre Gegenüber nie Deutsch und trotzdem kam Schatzi immer mit dem zurück, was sie wollte. Obwohl es sich nicht um Verkaufswagen handelte, sondern lediglich um die Wagen, in denen die Bienenvölker gehalten wurden.

Bevor wir in die Berge fuhren, mussten wir noch unsere Vorräte auffüllen. Aus früheren Reisen wussten wir, dass am Stadtrand von Brasov dafür die beste Möglichkeit bestand.

Einmal hin, alles drin! Wer kennt ihn nicht, diesen Werbeslogan? Real betreibt dort einen großen Supermarkt. Es war Samstag und wir mussten daran denken, für das Wochenende vorzusorgen. Es fiel uns nicht schwer; bei diesem Angebot haben wir wieder für den nächsten Wintereinbruch vorgesorgt.

Mit prall gefüllten Vorratskisten machten wir uns nun auf in die Berge. In dem Städtchen Sinaia, welches am Fuß des Berges lag, wunderten wir uns über die vielen Heuballen, Straßenmarkierungen und Absperrungen, welche überall aufgestellt und vorbereitet waren. Es sah nach einer Veranstaltung aus, aber was für eine erschloss sich uns nicht und uns war es auch egal. Wir wollten hoch auf den Berg! Wir folgten dem Straßenverlauf und schlängelten uns einige Kilometer straff bergan, bis wir auf ca. 1400 m Höhe ein Hotel erreichten, an dem die Straße auch endete.

Am Hotel konnten und wollten wir nicht parken und so suchten wir uns ein Stück bergab einen schönen Parkplatz. An einer Haarnadelkurve, abseits der Straße parkten schon zwei Autos aber für uns war auch noch genügend Platz und so stellten wir uns dazu.

Zwar standen wir unmittelbar an der Straße, aber die wenigen Autos, die hier entlang fuhren, stellten kein Problem dar. Und nachts würde eh niemand mehr hier vorbei fahren. Später und aus einem anderen Grund stellte sich der Platz als ideal und sehr erlebnisreich raus. Führte hier doch der tägliche ... vorbei!

Aber vorerst lockte der Berg, deshalb machten wir uns auf zu einer kleinen Wanderung. Diese fiel wirklich sehr klein aus, hatten wir doch beide keinen wirklichen Elan. Uns steckte noch der gestrige Abend im Blut oder war es noch immer Alkohol?

Deshalb zogen wir es vor, nach einer kurzen Erkundungstour wieder zum Womo zurückzukehren, unsere Liegestühle auszupacken, uns neben das Womo zu setzen, einen Kaffee zu trinken und dem Kommen und Gehen vor uns auf der Straße zuzusehen.

So saßen wir da, taten nichts und warteten, bis es Zeit wurde, das Abendbrot zuzubereiten. Endlich, es gab mal wieder FLEISCH und das noch frisch vom Grill. Beim Essen beobachteten wir auf einem anderen Parkplatz - 20 m von uns entfernt, einen Mann, Mitte dreißig, an seinem Wagen.

Dieser hielt immer nach etwas Ausschau. Wir vermuteten nach Frau und Kind, welche er vielleicht beim Wandern verloren hatte. So machten wir uns einen Spaß daraus, den Mann zu beobachten und uns über diesen zu amüsieren.

Dann schlich da ein weiteres Pärchen rum und zu dem Mann am

Auto gesellten sich nun Frau und Kinder. Allerdings stiegen diese ins Auto ein, nur der Vater blieb außerhalb und beobachtete weiterhin angestrengt die Gegend.

Schatzi schlenderte nun „unauffällig" zu dem Pärchen. Schnell wurde dieses in ein angeregtes Gespräch verwickelt. Wie sich herausstellte, kam er aus Rumänien, lebte aber schon lange Jahre in Kanada und verdiente dort als Basketballprofi seine Brötchen; sie war Kanadierin und Hausfrau.

Von ihm erfuhr Schatzi, dass wir mit unserem Wohnmobil genau dort standen, wo allabendlich ein Bär entlang kommt. Und der Mann am Auto sei ein Naturwissenschaftler, der sich auf freilebende Bären in Rumänien spezialisiert hatte und diese hier gerne beobachtete.

Schatzi eilte sofort zu mir und erstattete Bericht. Als ich das hörte, schnappte ich mir sofort die Kamera, mein Puls beschleunigte sich auf gefühlte 180 und ich ging auch zu dem Basketballspieler um mehr zu erfahren. Während wir nun zu viert zusammenstanden und uns auf Englisch unterhielten, fingen plötzlich die Hunde der umliegenden Höfe an zu bellen. Der „Kanadier" gab uns ein Zeichen still zu sein und die Gegend genau zu beobachten. Jetzt bemerkten wir auch, dass die ganze Straße menschenleer war und nur wir fünf uns noch an der Straße aufhielten.

Die Spannung war körperlich zu spüren und es lag etwas Unheimliches in der Luft. Dann plötzlich zeigte der Kanadier auf den Waldrand und raunte uns, auf Englisch, zu: „Bear, Bear!"

Im gleichen Moment verschwanden alle in ihren Autos. Schatzi lief in Richtung Wohnmobil. Nur ich konnte der Versuchung nicht widerstehen und ging mit der Kamera in der Hand in Richtung Bär. Schatzi beobachtete mich skeptisch und immer bereit, sofort die Tür des Womos aufzureißen. Doch ich konnte den Bären einige Male fotografieren, gleichwohl er weit weg über einen Weg durch den Wald streifte.

Dann verschwand er wieder gänzlich im Wald. Der Basketballer und seine Frau kamen auch wieder aus dem Auto und erklärten uns, dass der Bär nun etwas bergab laufen würde. Bis in die Nähe der nächsten Häuser, dann werden wir die Hunde wieder hören und einige Minuten später taucht er an unserem Wohnmobil wieder aus dem Wald auf. Toll, an unserer Bergziege also! Wir waren skeptisch, ob das alles so stimmt.

Noch während wir uns unterhielten, schlugen tatsächlich die Hunde weiter bergab an. Nun kamen noch einige Besucher auf den Platz gefahren und wir befürchteten schon, dass der Bär sich nicht mehr sehen lässt. Doch der Wind stand offenbar gut und er tauchte wirklich am Waldrand hinter unserem Wohnmobil auf. Wir waren absolut sprachlos und konnten es nicht fassen, der Bär kam tatsächlich noch einmal.

Sofort rannten einige von den neuen Touristen auf den Bären zu und stellten sich ihm gegenüber hin und knipsten mit ihren Handys drauflos. Wir hielten uns absichtlich etwas abseits, schließlich wollten wir den Bären nicht stören oder gar provozieren. Aber die anderen dachten überhaupt nicht daran, leider verhielten sich diese sehr egoistisch. Sie zogen nicht in Erwägung, dass es sich nicht um einen Zirkusbären, sondern um ein wildes Tier handelte.

Erst als der Kanadier die Touristen eindringlich zum Gehen aufforderte, beruhigte sich die Situation. Die Touristen verzogen sich umgehend, der Bär ging am Womo vorbei und verschwand im Wald. Laut Vorhersage sollte er nun nochmals an einer anderen Stelle wieder auftauchen. Auch diesmal behielt der Kanadier Recht und der Bär überquerte kurz darauf die Straße nur wenige Meter von uns entfernt.

In diesem Moment kam aus der Richtung des Hotels eine größere Gruppe Touristen die Straße entlang. Wir hielten den Atem an und warteten gespannt, was nun passieren würde, da beide aufeinander zugingen. Als diese nun den Bären sahen, schrien und kreischten sie und liefen aufgeregt zum Hotel zurück. Der Bär hingegen ließ sich nicht beirren, setzte seinen Weg fort und verschwand wenig später endgültig im Wald.

Was für ein Erlebnis! Schatzi und ich konnten uns kaum beruhigen und waren schon ganz aufgeregt, weil wir hofften, ihn Morgen früh nochmals zu sehen. Allerdings wurde die Nacht und der Morgen noch viel aufregender, als wir uns in diesem Moment träumen ließen.

Sonntag – Gefangen in den Bergen

Lange konnten wir nicht einschlafen, die Ereignisse der letzten Stunde waren zu aufregend. Kaum jedoch waren wir eingeschlafen, als neben uns zwei Autos anhielten und anfingen, Musik zu machen und sich lautstark zu unterhalten. Nein, bitte kein zweites Istanbul. Außer uns war doch kein Mensch mehr hier oben und wir hofften auf eine ruhige Nacht.

Als wir schlaftrunken aus dem Fenster sahen, konnten wir sehen, wie einer der Mitfahrer vor die Autos trat und so tat, als sei er ein Bär, der sich auf die Autos stürzt. Die Autoinsassen lachten über den Scherz lauthals. Schatzi meinte noch: „Hoffentlich kommt jetzt der Bär und erschreckt den Erschrecker, das wäre ein Spaß für uns."

Zum Glück kehrte kurz darauf wieder Ruhe ein und wir konnten weiterschlafen.

Tiefschwarze Nacht umgab uns und wir schliefen fest, als plötzlich eins der Autos neben uns anfing, wie blöd zu hupen. Dann fing auch der zweite PKW damit an. Als wir erschrocken aus dem Fenster schielten, regnete es in Strömen und der Morgen durchbrach gerade die Nacht.

Beide Autos standen mit der Front zum Wald und mit dem Heck zur Straße. Immer noch hupten beide und die Lichthupe flammte immer wieder auf. Schatzi und ich blickten uns um, entdeckten die Ursache für den Lärm, sahen uns an und lachten lauthals.

In dem Scheinwerferlicht war deutlich zu erkennen, dass der richtige Bär vor den Autos stand und die Insassen in Angst und Schrecken versetzte. Obwohl er absolut nichts unternahm. Er stand nur da und beobachtete aus 3 bis 4 m Entfernung die Menschen in den Autos.

Dies ging eine ganze Zeitlang so. Dann begannen die Insassen plötzlich die Plätze untereinander zu wechseln. Einige stiegen vom rechten in den linken PKW und umgedreht genauso. Einer kurbelte das hintere Fenster runter, streckte ein Vuvuzela raus und trötete wie blöd auf dem Ding. Offenbar hoffte er, den Bären damit vertreiben zu können. Der aber legte nur seinen Kopf zur Seite und sah dem Schauspiel interessiert zu.

Schatzi und ich lachten immer noch, hatte sie nicht genau dieses Szenario gestern noch prophezeit? Warum fuhren diese Leute nicht einfach weg, anstatt den Bären immer weiter zu reizen? Endlich wurde unser Flehen erhört, einer der beiden PKWs fuhr weg und zurück blieb nur ein Audi mit Fahrer und Beifahrer, warum auch immer.

Alle Frauen und Kinder wurden evakuiert. Es wurde ruhiger! Der Bär aber blieb wo er war! Hoffte er nun auf leichte Beute? Mochte er lieber Audi als BMW? Der Audi stand ja noch da.

Des Rätsels Lösung sahen wir einige Zeit später. Fahrer und

Beifahrer öffneten die Türen, streckten vorsichtig jeweils ein Bein raus und versuchten, das Auto rückwärts vom Parkplatz zu schieben. Ohne Erfolg - und der Bär? Der stand noch immer vor dem Audi und sah den beiden zu.

Nun kletterte ich aus unserem warmen Nest, Schatzi nahm die Kamera, ich öffnete das Fahrerfenster und fragte die beiden auf Englisch, was los sei. Ich versuchte noch zu erklären, dass sie sich einfach ruhig verhalten sollen und dann sei alles gut.

Der Fahrer antwortete in gebrochenem Deutsch, dass er die halbe Nacht das Radio, Licht und Klimaanlage anhatte, nun die Batterie leer sei und das Auto nicht mehr anspringt. Nach diesen Worten drehte ich mich zu Schatzi um, wir sahen uns an und prusteten vor Lachen.

Nachdem wir uns beruhigt hatten, wendete ich mich wieder dem Fahrer zu. Dieser erklärte uns weiter, dass seine Frau panische Angst vor dem Bären hatte und dieser einfach nicht weggehen wollte. Was für ein böser Bär auch. Klar, ist ja auch sein Revier, dachten wir uns.

Jetzt holten sie noch eine leuchtend orangerote Plastikfolie raus und versuchten, den Bären damit zu verscheuchen. Wie gewohnt blieb das Tier wie angewurzelt stehen. Er schien sich eher über die Aktionen zu belustigen. Ich glaube, wir konnten ein Grinsen auf dem Gesicht des Bären erkennen.

Um dem ganzen Spuk ein Ende zu bereiten, rief ich den beiden zu: „Also gut Männer, ich komme raus und helfe euch, das Auto auf die Straße zu schieben."

Schatzi wurde ganz bleich und meinte: „Du hast sie wohl nicht alle! Die sollen doch sehen, wie sie klar kommen.". Aber ich wollte den Bären von diesen Eindringlingen befreien und wenn möglich, wollten wir ihn anschließend in Ruhe beobachten und fotografieren.

Schatzi erklärte sich bereit, mir die Tür aufzuhalten, um einen schnellen Rückzug zu ermöglichen. Also streifte ich mir eine Hose über, zog Schuhe an, stellte Blickkontakt zum Bären und den beiden Autofahrern her und stieg aus.

Ich gleichen Moment stiegen auch Fahrer und Beifahrer aus und gemeinsam schoben wir den Wagen auf die Straße. Kaum war das Auto auf der Straße, sprang ich zurück ins Womo. Anschließend beobachteten wir, wie der Wagen rückwärts die Straße runter rollte. Die orangefarbene Plane hing noch immer aus dem Seitenfenster.

Kaum hatte sich das Auto in Bewegung gesetzt, rannte der Bär dem Auto hinterher. Es hätte nur noch gefehlt, dass er triumphierend gelacht und die Tatze zum Sieg erhoben hätte. Wir freuten uns für seinen Sieg und hatten nun genügend Zeit, ihn weiter zu beobachten.

Denn nachdem er das Auto erfolgreich aus seinem Revier vertrieben hatte, kehrte er zurück und graste nur wenige Meter von uns entfernt, ohne auch nur die geringste Notiz von uns zu nehmen. Als er satt war, trottete er wieder in seinen geliebten Wald zurück.

In der Zwischenzeit war es Tag geworden und es war an der Zeit, dass die ersten Tagestouristen ankommen sollten. Zu unserem großen Erstaunen kam niemand. Nicht ein einziges Auto kam den Berg hoch oder fuhr ins Tal. Obwohl es in der Nacht geregnet hatte, war das Wetter nun nicht mehr so schlecht und so sollten doch einige Sonntagstouristen hier hochkommen.

Bevor diese jedoch einfallen, wollten wir schon weg sein. So packten wir zusammen und rollten gemütlich den Berg runter. Selbstverständlich hielten wir dabei immer Ausschau nach weiteren Bären, begegneten aber keinem.

Gemütlich näherten wir uns Sinaia, als plötzlich direkt am Ortseingang die Straße gesperrt war. Ein freundlicher Polizist erklärte uns in gutem Englisch, dass heute eine Motorsportveranstaltung stattfindet und wir erst gegen Abend wieder den Berg verlassen können. Es gäbe leider keine Möglichkeit, diese Sperrung zu umfahren. Jetzt erklärten sich auch die Absperrungen, Heuballen und Hinweise, welche wir am gestrigen Tag entdeckten.

So drehten wir wieder um und fuhren den Berg hoch. Machen wir das Beste daraus, gehen heute Wandern und wenn wir Glück haben, können wir den Bären, beim Wandern oder spätestens heute

Abend nochmals beobachten.

Oben angekommen, hörten wir die Motorengeräusche aus dem Tal. Wir packten unsere Rucksäcke, steckten ein Gasspray gegen Bären ein und schon ging es los. So wanderten wir durch die Bergwelt Rumäniens dem Gipfel zu. Aber an so einem „Zwangswandertag" bringt das alles nicht so viel Laune. Wir schafften es nicht einmal bis zum Gipfel. Zum Fotografieren fanden wir auch nicht viel und so kehrten wir schon am frühen Nachmittag zurück. Unsere Bergziege war nach wie vor das einzige Fahrzeug hier oben, außer den Autos der Hotelbewohner. Zum Kaffeetrinken hatten wir entsprechend viel Platz und viele Möglichkeiten.

Nach dem Kaffee trafen wir die ersten Vorbereitungen für den Abend. Schließlich wollten wir den Bären nicht verpassen. Später verlegten wir nicht nur unsere Stühle auf das Womodach, nein, sogar der Gasgrill und alles was wir zum Abendessen benötigten, wurde vorsichtshalber noch oben verbracht.

Die Veranstaltung im Tal war offenbar zu Ende und einige Tagestouristen fanden noch den Weg nach oben. Diese staunten nicht schlecht, als sie uns auf dem Womo sitzen sahen und beobachteten, wie wir Würstchen grillten. Wie ihr euch denken könnt, saßen wir heute vergebens in Lauerstellung. Wir vermuteten, dass der Bär durch den Lärm der Veranstaltung lieber im Wald geblieben ist oder er feierte noch seinen Sieg vom Morgen. Außer den anschlagenden Hunden war nichts wie am Vortag. Kein Bär weit und breit.

Enttäuscht räumten wir unser Womo wieder ab, verstauten alles und verkrochen uns in unser „Kuschelnest".

Montag – Das Wetter bestimmt den Weg

Vor lauter Vorfreude auf den Bären konnten wir gegen Morgen kaum noch schlafen und horchten auf jedes Geräusch. Aber wie es ist, wenn man auf etwas wartet, nichts! Kein Bär kam in unsere Nähe. Ohne neue Bärenfotos im Gepäck fuhren wir talwärts.

Diesmal hatten wir freie Fahrt und erreichten ohne Umwege das Schloss und das Kloster von Sinaia. Da heute Montag war, konnten wir uns das Schloss in aller Ruhe von außen ansehen. Dieses wird auch als das „Neuschwanstein" Rumäniens bezeichnet.

Und es hatte tatsächlich eine gewisse Ähnlichkeit mit diesem. Aber was nützte uns dies - Montag Ruhetag! Das Kloster hingegen konnten wir sowohl von innen als auch von außen besichtigen. So richtig Freude hatten wir daran leider nicht. Wir waren einfach schon zu sehr verwöhnt und hatten weitaus imposantere Bauten gesehen.

Montag hieß für uns auch, Vorräte auffüllen und so fuhren wir gleich noch einmal nach Brasov, um im Real alles aufzufüllen.

Dort angekommen, nutzten wir die Gelegenheit und setzten uns in ein Café um zu frühstücken. Dieses gestaltete sich zwar einfach aber sehr lecker und bestand aus zwei heißen Schokoladen und zwei belegten Brötchen.

Das Wetter gestaltete sich in den letzten Tagen eher durchwachsen und so überlegten wir, wohin wir weiterfahren sollten. Als Entscheidungshilfe suchten wir verschiedene Tageszeitungen und studierten den Wetterbericht für die nächsten Tage. Was wir dort sahen, stimmte uns nicht gerade munter. Regen war alles, was uns hier oder Richtung Norden erwarten würde und wer möchte schon Regen, wenn er es sich aussuchen kann.

Eine Gegend, die mehr Sonne versprach und uns auch sonst sehr interessierte, fand sich dennoch. Nur lag diese mehr als 400 km entfernt von unserem derzeitigen Standort. Nachdem wir das genaue Ziel ausgemacht hatten, blickten wir uns kurz in die Augen und ab ging die Post, ins Donaudelta.

Wir hatten uns absichtlich eine Strecke rausgesucht, welche überwiegend über kleinere Landstraßen führte und so gestalteten sich die knapp 360 km der Etappe sehr kurzweilig. Als wir uns in Braila der Fähre näherten, trauten wir unseren Augen kaum. Die Zufahrt bestand aus einer Schotterpiste, die etwas erhöht angelegt, mit

Sandsäcken begrenzt und kaum breiter als unsere Bergziege war. Rechts eine hohe Mauer und links nur durch Sandsäcke begrenzt, begann das morastige Ufer der Donau.

Wir überlegten noch, ob wir hier hätten überhaupt entlangfahren dürfen, als wir schon nach vorne weiter gewunken wurden. Kurz vor der Auffahrt zur Fähre hielten wir an einem kleinen Holzhäuschen, bezahlten umgerechnet ca. 6 € und sollten dann auf die Fähre fahren.

Um das zu schaffen, mussten wir beide Außenspiegel einklappen. Die unmittelbare Zufahrt zur Fähre entpuppte sich als genauso schmal wie die erste Zufahrt, nur, dass nun auf beiden Seite ein ca. 3 m hohes Geländer die Fahrzeuge vor dem Sturz ins Wasser bewahren sollte. Aber wir schafften es, uns und unsere Bergziege wohlbehalten auf die Fähre zu bekommen.

Während der Überfahrt weigerte ich mich standhaft, mir Gedanken über den technischen Zustand der Fähre zu machen. Die Rettungsringe, welche ich ausmachen konnte, bedurften selber der Rettung. Damit diese sich bei starkem Wind nicht selbständig machen konnten, waren sie kurzerhand festgeschweißt worden! Zum Glück dauerte die Überfahrt nur 20 min und wir erreichten das andere Ufer unbeschadet. Allerdings war uns auch klar, dass wir hier wieder zurück mussten.

Kaum von der Fähre runter, galt es, sich durch ein dichtes Spalier von Autos zu quetschen, welche die Zufahrt zur Fähre fast blockierten. Die männlichen Fahrzeuginsassen standen teilweise vor ihren Fahrzeugen und hatten ihre, zum überwiegenden Teil gewaltigen Bäuche freigelegt, indem sie ihre T-Shirts bis zur Brust hochgerollt hatten.

Mich amüsierte dies köstlich, bei Schatzi allerdings stellte ich ein sehr gequältes Lächeln fest. Sie fand es nicht so toll, dass haufenweise Feinkostgewölbe zur Schau gestellt wurden. Schlagartig wurde ihr bewusst warum sie als Kind dachte, die Männer bekommen die Kinder.

Direkt nach der Überfahrt bekamen wir einen ersten Eindruck

vom Donaudelta. Entlang der Straße waren überall Seen oder Flüsse zu sehen, welche wahrscheinlich alle miteinander verbunden sind. Und immer wieder sahen wir Wasservögel, allerdings waren sie zum Fotografieren zu weit entfernt.

Weiter fuhren wir einen kleinen Nebenfluss entlang nach Macin. Dort hatten wir auf dem Navi eine Möglichkeit gefunden, bis ans Ufer des Flusses zu gelangen und dort wiederum könnte sich ein schöner Übernachtungsplatz verbergen.

Ohne Mühe fanden wir an der ausgewählten Stelle einen interessanten Übernachtungsplatz vor. Wenngleich die Umgebung nicht die schönste war. Keine hundert Meter entfernt sahen wir eine Steinmühle und alles um uns herum glich eher einem Gewerbegebiet als einem schönen Übernachtungsplatz.

Aber immerhin standen wir ruhig, sicher und direkt am Wasser. Kaum hatten wir unser allabendliches Ritual, Stühle und Tisch raus, vollbracht, als sich ein Pferdefuhrwerk näherte. Drei Männer saßen auf dem Kutschbock und musterten uns schon von weitem neugierig.

Ganz in unserer Nähe stoppten sie, alle drei sprangen von dem Fuhrwerk und fingen an, den Sand vom Flussufer auf das Fuhrwerk zu schaufeln. Uns blieb der Mund offen stehen, zumal der Sand hier ebenfalls nach Gewerbegebiet aussah. Sprich, er war mit Müllablagerungen „angereichert".

Noch als die Männer beim Sandeinschaufeln waren, fuhr ein Audi neueren Baujahrs am Strand vor und suchte sich einen sicheren Weg direkt bis ans Wasser heran.

Wie selbstverständlich stieg der Fahrer aus, entnahm dem Kofferraum einen langen Besen und begann, sein Fahrzeug zu waschen. Dafür tauchte er den Besen in das Flsswasser und schrubbte anschließend seinen Audi.

Es war für uns, wie ein Bild aus einer anderen Zeit. Da wurde eine teure Limousine mit schmutzigem Flusswasser gewaschen und daneben wurde ein Fuhrwerk mit Sand desselben Flusses beladen.

Nachdem das Fuhrwerk beladen war, sprangen die Männer

wieder auf, winkten uns fröhlich zu, machten einige Faxen und fuhren davon. Auch der Audifahrer hatte sein Auto bald darauf gesäubert und trollte sich wieder.

Nun hatten wir den Platz wieder für uns und konnten in Ruhe Abendbrot essen. Leider nicht lange, denn pünktlich gegen 21 Uhr kamen sie! Unsere kleinen surrenden Feinde – die Mücken! Für uns bedeutete dies, ab ins Womo, aber es war eh Zeit zur Nachtruhe.

Nachtruhe wurde hier nicht so groß geschrieben. Kaum lagen wir im Bett, schaltete sich an der Steinmühle eine Pumpe an. Deren gleichbleibendes Brummen begleitete uns in die erste Schlafphase. Gegen 2 Uhr morgens hatte irgendjemand Mitleid mit uns und die Pumpe wurde abgeschaltet. Nun fanden auch wir wieder einen gleichmäßigen Schlaf und der Rest der Nacht blieb absolut ruhig.

Dienstag – Fahrt ins Donaudelta

Am nächsten Morgen mussten wir feststellen, dass im Gegensatz zu Brasov hier deutlich andere Temperaturen herrschten. So wurden wir gegen 8 Uhr von über 25 Grad wachgekitzelt. Diesmal konnten wir uns beide um das Womo kümmern, zu fotografieren gab es hier leider nichts.

Auf dem weiteren Weg durch das Delta Vorland hatten wir aber genügend Gelegenheiten, unsere Speicherkarten zu füllen. So kamen wir nur langsam voran; für die 185 Tageskilometer benötigten wir ca. 8 Stunden.

Unter anderem kamen wir an einem See vorbei, welcher laut Schild unter Naturschutz stand und an dem sich sehr viele Vögel aufhielten. So stellten wir das Womo ab und gingen zu Fuß in Richtung des Sees. Wenn wir uns heute über diesen See unterhalten, nennen wir ihn nur „Den See der sterbenden Möwen".

Allem Anschein nach waren wir auf eine Art „Möwenfriedhof" gestoßen. Nicht nur fanden wir viele tote Möwen, wir beobachteten auch viele Vögel, die nicht mehr fliegen konnten oder wollten, ohne dass wir Verletzungen an den Tieren erkennen konnten.

Einige saßen einfach nur so da und wir konnten bis auf wenige Zentimeter an sie heran. Es war schon gruselig, aber schließlich gehört auch das zum Leben!

Kurz vor unserem Tagesziel nutzten wir einen erspähten Brunnen am Straßenrand um unsere Wasservorräte aufzufüllen. Zum Glück war es diesmal ziemlich einfach. Wir konnten so nah an den Brunnen ranfahren, dass wir mit dem Eimer direkt das Wasser auffüllen konnten. Solcherlei gefüllt wollten wir der L229 über Murighiol hinaus bis zu deren Ende folgen.

Kaum in Murighiol angekommen, wurden wir das erste Mal von einem älteren Mann angesprochen und gefragt, ob wir eine Bootstour durch das Delta unternehmen möchten.

Zu diesem Zweck bot er uns unterschiedlichste Touren an. Aber irgendwie war es für uns noch zu früh und gleich dem ersten Angebot nachgeben? Nein, wir wollten noch weiter sehen.

Wieder einmal überkam Schatzi der kleine Hunger. Glücklicherweise hatten wir in der Ortsmitte ein kleines Restaurant entdeckt. Selbstlos wie ich war, bot ich Schatzi umgehend an, dort eine Kleinigkeit essen zu gehen.

Dort angekommen, stellten wir fest, dass es sich um ein kleines einfaches Lokal handelte. Die Dame des Hauses sprach sogar ein ganz kleinwenig Deutsch. Nachdem sie die Speisen aufgesagt hatte, bestellten wir, schließlich sind wir hier am Wasser, zweimal Fisch.

Als wir so dasaßen und auf das Essen warteten, wurden wir von John, einem weiteren Deltascout, angesprochen. Auch er legte uns verschiedene Touren vor, zeigte uns Bilder von seinem Boot und versuchte, uns die Ausflüge schmackhaft zu machen. Das Boot hatte viel Ähnlichkeit mit den Booten, wie sie uns aus Florida bekannt sind.

John war ein Rumäne, der aber lange Jahre in Florida lebte und von dort auch sein Boot mitgebracht hat. Er war uns sympathisch und der Preis stimmte. Für einen 6 Stunden Trip wollte er 50 € pro

Person – bei maximal 4 Gästen – incl. Getränke. Für uns stand fest, gute Zeit, guter Preis, netter Scout, also sagten wir zu.

In der Zwischenzeit war unser Essen auch fertig. John verabschiedete sich fürs erste und versprach, kurze Zeit später wieder vorbei zukommen und die Details zu besprechen.

Ihr werdet es kaum glauben, kaum waren wir mit dem Essen fertig, erschien John wieder auf der Bildfläche. Im Schlepptau hatte er ein junges Pärchen aus Frankreich. Diese waren gerade angekommen und durch Schlepper an John geraten.

Er stellte uns alle vor und bot uns an, zusammen am nächsten Morgen die Tour durch das Delta zu unternehmen. Da sich alle sympathisch waren, stimmten auch alle seinem Vorschlag zu.

Wir freuten uns schon auf die gemeinsame Tour am nächsten Morgen. Treffen wollten wir uns 04:30 Uhr an dem Lokal.

In der Unterhaltung erfuhren wir, dass das Pärchen noch Bargeld brauchte. Sie erkundigten sich bei John nach dem nächsten Geldautomaten. Dieser war allerdings 10 km entfernt und beide hatten keine Möglichkeit, dorthin zu gelangen. Kurzerhand boten wir uns an, die beiden schnell hin- und zurück zu bringen. So fuhren wir gemeinsam die 10 km nach Mahmudia zum Geldautomaten.

In der Zeit als beide Franzosen am Geldautomaten waren, wendeten wir das Womo. Dabei entdeckten wir einen superschönen Übernachtungsplatz in dem Ort. Direkt am Fluss, ruhig und doch sehr zentral gelegen. Sofort wurde dieser im Navi abgespeichert. Nachdem wir die beiden zurück gebracht hatten, kehrten wir umgehend nach Mahmudia zu unserem gespeicherten Übernachtungsplatz zurück.

Endlich hatten wir Zeit zum Kaffeetrinken und vor allem zur Schnapsherstellung. Ja, ihr habt richtig gelesen. Wir betätigen uns ab und an auch mal als Likörproduzenten.

Das kam so: Gleich im ersten großen Supermarkt in Rumänien entdeckten wir „Prima Sprit" mit 95% Alkohol. Aus Kindheitstagen wissen wir beide noch, wie unsere Eltern diesen verarbeitet hatten.

Und unterwegs hielten wir immer mal nach Leckereien Ausschau. Die besten entdeckten wir dabei oft am Wegesrand. So auch in diesem Fall.

In einem kleinen Dorf vor Braila saßen einige Frauen am Straßenrand und verkauften schwarze Beeren. Wir grübelten und konnten uns nicht entscheiden. Entweder waren es Heidelbeeren oder Holunder. Als wir noch davor standen und überlegten, ob und wie viele Beeren wir kaufen sollten, hatte ich eine Eingebung.

Zum großen Erstaunen von Schatzi kaufte ich gleich 2 kg. „Was willst du mit 2 kg Holunder?" fragte sie. Damit war auch festgelegt, dass es sich um Holunder handeln musste.

Schlecht singend entgegnete ich: „Schnaps, das war sein letztes Wort, dann trugen ihn die Englein fort". Schatzi hatte verstanden und war begeistert. Nur wusste keiner von uns wie man Holunderschnaps herstellt. Und so wurden die 2 kg Beeren erst einmal im Womo verstaut. Nach dem Motto: kommt Zeit, kommt Rat!

Nun standen wir in Mahmudia an unserem Übernachtungsplatz und die Zeit hatten wir, der Rat fehlte uns noch. Doch länger konnten wir nicht mehr mit der Verarbeitung der Beeren warten, diese fingen schon an zu gären.

Schatzi meinte gehört zu haben, dass Holunderbeeren erst gekocht werden müssen. Wegen der Giftstoffe und so. Ich hätte sie gleich roh eingelegt, aber Schatzi ist mein Chef (Bitte keine Verwechselungen – Mein Chef ist kein Schatzi!).

Nach dem Kochen hatten die Beeren die Konsistenz von Haferschleim angenommen. Zum Glücke war die schöne tiefdunkelblaue Farbe geblieben. Wir füllten nun je eine halbe Tüte Zucker und 500 ml „Prima Sprit" in zwei 1,5 l Plastikflaschen. Diese wurden später mit dem ausgekühlten Beerensud aufgefüllt.

Übrig blieben ein versauter Alu-Kochtopf, ein blau gepunktetes T-Shirt, blaue Hände, eine schimpfende Schatzi (weil es im Umkreis von mehreren Meter eher nach einem Holunderunfall als nach einem

Übernachtungsplatz aussah) und zwei große Flaschen mit einer guten Grundlage für einen kräftigen, selbstgemachten Holunderschnaps.

Wochen später, nachdem wir die erste Flasche geöffnet hatten, stellten wir fest, dass es sich nicht um Holunderbeeren handelte sondern um …, leider haben wir den Namen vergessen. Nur eins noch, das Zeug nennen wir heute „Schwarzer Tod"!

Nach dieser schweren Arbeit gab es Abendbrot und anschließend schlenderten wir am Fluss entlang durch den Ort. Dabei entdeckten wir ein sehr schönes Hotel, das Mon Jardin. Dies strahlte so viel Gemütlichkeit aus, dass wir uns spontan entschlossen, dort einzukehren und den Abend bei einer Flasche Wein ausklingen zu lassen. In weinseliger Stimmung gingen wir zu Bett und schliefen schnell ein.

Mittwoch – Im Donaudelta

Nach einer ruhigen, aber sehr kurzen Nacht klingelte um 4 Uhr der Wecker. Zum Glück hatten wir am Vorabend schon alles fertig gemacht und so konnten wir jetzt schnell los. Pünktlich trafen wir am vereinbarten Treffpunkt ein, fuhren dann gemeinsam zum Hafen und bestiegen das Boot.

Der Tag brach gerade an, als wir über das stille Wasser des Donaudeltas immer weiter in ein …, ja was eigentlich?

Die Faszination dieser Gegend aus unzähligen Wasserstraßen, kleinen Inseln und der Flora und Fauna war unbeschreiblich. Wir durchfuhren viele kleine Kanäle und John zeigte uns winzige Eilande auf denen noch Menschen leben. Das Timing von John war super.

Als die Sonne aufging, fuhren wir gerade aus einem Kanal auf einen riesigen See und vor uns spiegelte sich die aufgehende Sonne im ruhigen Wasser des Sees. Es war ein wirklich magischer Moment.

Immer weiter fuhren wir in das Delta hinein und immer neue Tiere entdeckten wir. Und dann war es endlich soweit, wir konnten das erste Mal wilde Pelikane von nahem sehen. Als diese sich dann vor uns in die Lüfte erhoben, konnten wir unsere Kameras nicht mehr im Zaum halten. Ungezügelt und hemmungslos klickten beide im Takt der Pelikan - Flügelschläge. Natürlich konnten wir nicht nur Pelikane beobachten aber es waren die Beeindruckensten.

An dieser Stelle müsste ich eigentlich einen Bildband einfügen. Gerne hätten wir das ein oder andere Tier länger beobachtet oder fotografiert, leider hatte das andere Pärchen nicht dasselbe Interesse.

Diesen wurde es nach 2 Stunden schon langweilig. Entsprechen saßen beide danach nur noch im hinteren Teil des Bootes und schliefen fast ein. Zum Glück ließen weder John noch wir uns davon anstecken.

Zum Schluss der Tour setzte mitten auf einem See der Motor des Bootes aus. John versuchte alles Mögliche, um diesen wieder in Gang zu bringen. Nun zeigten sich die wahren Abenteurer.

Das französische Pärchen wurde mächtig unruhig, als jede Menge andere Ausflugsboote an uns vorbei in Richtung Hafen fuhren.

Wir jedoch nutzten die Gelegenheit und fotografierten in aller

Ruhe die Pflanzen und „Entengrütze", welche unser Boot langsam einschloss. Schließlich sprang der Motor wieder an und John brachte uns wohlbehalten in den Hafen zurück.

Es war eine tolle Tour, die sich in Worten kaum beschreiben lässt. Besser wären hier die Fotos, noch besser, ihr kommt selber her und seht euch dieses Paradies an, solange es noch eins ist. Denn auch hier schreitet der Tourismus unaufhörlich voran.

Wieder zurück an Land gingen wir alle zusammen noch etwas essen, tauschten Emailadressen aus und verabschiedeten uns dann.

Was für ein Tag? Langsam und genüsslich rollten wir wieder durch das Delta Vorland zurück nach Braila. Setzten dort mit der Fähre über und suchten uns einen weiteren Übernachtungsplatz.

Nahe einem Kloster fanden wir diesen auch. Die Zeit bis zum Abendbrot verbrachten wir mit Nichtstun und Sonnen neben dem Womo. Mit der Zubereitung des Abendbrotes hatte ich mich leider verkalkuliert.

Aufgrund der „Mückenerfahrung" der vergangenen Tage und wegen der ungünstigen „Bettstellung", versuchten wir, in letzter Zeit immer draußen und vor 21 Uhr zu essen. Nur diesmal funktionierte unser Plan nicht.

Als Schatzi so im Liegestuhl lag, konnte ich meinen Blick einfach nicht von ihr wenden und vergaß Zeit und Raum! Dafür holten mich die ersten Mücken schnell wieder in die Realität zurück.

Mit dem vorbereiteten Salat mussten wir uns heute in aller Panik ins Womo verziehen. Wisst ihr, wir toll es ist, in einem Wohnmobil bei 35°, im Halbdunkeln und in gebückter Haltung zu Abend zu essen?

Ihr wollte es auch nicht wissen, einfach nur ekelig!

Auch die folgende Nacht brachte keine entscheidende Abkühlung. Kein Lüftchen wehte und Schatzi und ich sehnten uns in die Berge zurück.

Donnerstag - Durch Rumänien

Erschöpft vom Schlafen, machten wir uns frühzeitig auf den Weg wieder zurück nach Brasov und dann weiter bis ins Fagaras Gebirge. Dieses liegt mitten in Transsilvanien, ist Teil der Karpaten, beginnt hinter Brasov und zieht sich bis einige Kilometer vor Sibiu. Am Ende des Tages hatten wir immerhin 450 km mehr auf dem Tacho. Bei den zu erwartenden Temperaturen war ein zeitiger Start von Vorteil.

Es war einer der wenigen Tage, an denen wir fast nur gefahren sind. In Rumänien 450 km auf Landstraßen an einem Tag zurückzulegen, entspricht in etwa der doppelten Strecke auf westlichen Landstraßen. Über den Zustand der rumänischen Straßen habe ich mich schon genug ausgelassen. Diese sind auch die Erklärung für die lange und anstrengende Fahrt.

Auf der Weiterfahrt in Richtung Berge kamen wir an einem kleinen Fluss vorbei. Unter der Brücke, welche über den Bach führte, konnten wir wunderbar baden und unsere Wasservorräte erneut auffüllen.

Wir aber wollten weiter in die Bergwelt vordringen, dafür mussten wir einige schlimme Nebenstraßen in Kauf nehmen. An einer Kirche mitten in den Bergen fanden wir dann einen zauberhaften Übernachtungsplatz. Wir stellten das Womo ab und fingen erst einmal an, die Umgebung zu erkunden.

Nach wenigen Minuten fanden wir den Platz doch nicht mehr so zauberhaft. An der Kirche wohnten Leute, diese blickten sehr skeptisch zu uns herüber. Wir aber wollten uns doch noch ein wenig sonnen und zwar so ...! Na, ihr wisst schon, eben so ..., ganz so ..., ohne Liegestuhl! Das ging hier nicht.

Also wieder ein Stück zurück und die nächste Stichstraße rein. Na also, geht doch! Mitten im Wald auf einer kleinen Anhöhe fanden wir einen einsamen und sehr schönen Übernachtungsplatz. Zwar kamen auch hier, drei, vier Leute vorbei, aber diese grüßten uns sehr freundlich, winkten uns zu und freuten sich, dass wir hier übernachten wollten.

Hier erhofften wir uns auch endlich wieder angenehme Temperaturen. Wir sollten nicht enttäuscht werden, in der kommenden Nacht sollte die Temperatur bis auf 15 Grad zurückgehen.

Hier konnten wir sogar länger draußen sitzen, den Abend und die klare Luft bei einer kühlen Flasche Sekt genießen.

Freitag - Gefühlte Lebensgefahr!

Nach einer erholsamen Nacht machten wir uns an diesem Tag erst später auf den Weg. Heute lagen gerade einmal 200 km vor uns. Unser Ziel hieß Zlatna. Wir wollten Ion, seine Familie und Freunde nochmals besuchen.

Noch weit vor Sibiu hatten wir die Nase voll von der großen Fernverkehrsstraße. Es sollte unbedingt über kleinere Nebenstraßen um Sibiu herum gehen. Schließlich wollen wir etwas sehen und erleben. Dies sollten wir auch noch bekommen!

Eine entsprechende Strecke suchte ich auf dem Navi, nur hatte ich nicht damit gerechnet, dass es schneller war als der Straßenbau in Rumänien.

Auf der ausgesuchten Strecke kamen wir auch in ein kleines Dorf mit runtergekommenen Häusern und Straßen wie Feldwege.

Einige Kinder spielten vor den Häusern. Für diese und solche Gelegenheiten hatten wir einige Süßigkeiten dabei. Schatzi gab nun das Kommando, langsamer zu fahren bzw. bei den Kindern anzuhalten, damit sie einige Süßigkeiten verteilen konnte.

Die Leckereien verteilend, fuhren wir langsam durch das Dorf und bemerkten nicht, wie sich hinter uns eine Traube sammelte.

Schatzi fiel dann auf, dass immer mehr Frauen aus den Häusern kamen und mit ausgestreckten Händen zu uns liefen. Sie bettelten uns fordernd und aggressiv an. Den ersten gaben wir noch Süßes, doch die Frauen wurden immer dreister.

Nun wurde uns die Sache langsam unheimlich und Schatzi regte an, dass ich etwas schneller fahren sollte. So eine Aussage ist für mich wie ein Sechser im Lotto und so gab ich Gas!

Es galt, so schnell wie möglich hier wegzukommen. Offensichtlich waren wir in ein Roma-Dorf geraten. Etwa in der Mitte des Dorfes musste ich mich dann auch noch entscheiden, rechts oder links. Das Navi meinte rechts, also rechts. Nun wurde die Straße immer schlechter und ich hatte keine andere Wahl, als langsam zu fahren.

Vor den Häusern standen die Menschen und sahen uns neugierig an. Wobei, die Menschen sahen uns an, als käme „neugierig" von „gierig".

Endlich hatten wir es geschafft. Wir waren raus aus dem Ort. Doch was war das? Keine 200 m vor uns war die Straße zu Ende und für uns nicht mehr passierbar.

„Was nun?", fragte Schatzi. „Nichts, was nun! Wir wenden und fahren in der anderen Richtung aus dem Dorf raus", antwortete ich. Gesagt, getan! Diesmal sahen uns die Dorfbewohner noch verwunderter an. Eine Romafrau nahm sogar ihr Kind, welches sie gerade am Straßenrand stillte, von der Brust, um uns besser beobachten zu können.

Schei..., es wäre das Foto meines Lebens gewesen. Diese Frau, barbusig inmitten der Menschengruppe, das Kind nur nachlässig festhaltend und uns anstarrend. Aber Schatzi hätte mich gelyncht, wenn ich hier und jetzt angehalten und fotografiert hätte.

Die Dorfbewohner hätten ihr, wahrscheinlich, sogar noch dabei geholfen. Ich zog es vor, so zügig wie möglich durchzufahren. An der nächsten Kreuzung schlug das Navi vor, wieder links abzubiegen. In der Hoffnung, auf der anderen Straße schneller aus dem Ort zu sein, bog ich zweimal rechts ab.

Hier herrschte das gleiche Bild wie wenige Minuten zuvor auf der anderen Straße. Viele Bewohner hielten inne und schauten uns ungläubig an. Zum Glück für uns waren alle zu verwundert, als dass uns auch nur einer an der Durchfahrt gehindert hätte.

Außerdem war es wohl zu ungewöhnlich, dass ausgerechnet hier ein westliches Wohnmobil entlang fuhr und die Insassen auch noch lächelten.

Obwohl es ein Zwangslächeln unsererseits war.

Nach wenigen Minuten hatten wir den Ort hinter uns; durchatmen. Die Straße wurde ein Betonplattenweg, auf dem sich ganz gut fahren ließ. Dann kam eine stark gesicherte Industrieanlage in Sicht. Wir mutmaßten ein Versuchslabor! Bei dieser Vorstellung fragten wir uns, finden hier Tier- oder Menschenversuche statt, für beides bot die nähere Umgebung viele Möglichkeiten.

Plötzlich, oh nein! Der Plattenweg war zu Ende und er verlor sich auf freiem Feld. Sollte es wirklich unser Schicksal sein, hier in der Versuchsanstalt zu enden oder stand uns die Ausplünderung im Dorf bevor?

Unweigerlich mussten wir nun doch wieder durch das Zigeunerdorf und bis zur Hauptstraße zurück. Wir waren uns sicher, den Dorfbewohnern war bewusst, dass es keine geeignete Straße aus ihrem Dorf gab, außer der einen, welche uns hergeführt hat. Hatten sie sich schon zusammengerottet um uns zu stoppen und unserer Unschuld und Habseligkeiten zu berauben?

Alles Jammern half nichts, nun galt es nur noch - weg hier! Wir steuerten so zügig als möglich auf das Dorf zu. Wir erreichten die ersten Häuser, hatten diese passiert, schon hoben einige Bewohner ihre Arme und Hände, andere schüttelten ihre Köpfe.

Drohten sie uns jetzt oder winkten sie uns zu? So viel Dummheit, wie von diesen beiden Deutschen, schien selbst diesen Leuten neu.

Ich konzentrierte mich auf alles Mögliche, nur nicht auf die Straße. An der nächsten Kreuzung erwischte ich doch glatt den falschen Abzweig. Schatzi intervenierte sofort lautstark. „Aber die Richtung ist gut", lautete mein aufmunternder Spruch zu Schatzi.

Fröhlich lächelnd blickte ich zu ihr rüber und erschrak. Sie war ganz bleich und starrte nur noch geradeaus. Als ich ihrem Blick folgte, sah ich den Grund für ihre Gesichtsfarbe.

Wir steuerten genau auf eine Art Dorfplatz zu und dieser war voller Menschen. „Schatzi, wusstest du, dass Zigeuner Respekt vor großen Männern haben und kleine, zierliche Frauen zum Fressen gern?" doch sie lachte nicht!

Unaufhaltsam näherten wir uns der Menschenansammlung. Ich überlegte schon, wo ich lang fahren musste um möglichst wenige von den Zigeunern zu „berühren". Zu unserem großen Erstaunen, machten sie Platz und gaben eine Gasse frei.

Gequält lächelnd und winkend passierten wir den Dorfplatz. Offensichtlich hatte es allen die Sprache verschlagen, denn sie standen mit offenen Mündern da und blickten uns ungläubig an.

Die nächste Straße links, dann wieder rechts und schon waren wir raus aus diesem Alptraum.

Zurück auf der großen Fernverkehrsstraße, beschimpfte ich das Navi, wo es uns mal wieder langgeführt hatte. Schatzi erholte sich langsam wieder und bat mich, in Zukunft auf solche Einlagen zu verzichten.

Is klar! Ich konnte es ja auch vorher wissen, dass die Straßen nicht fertiggebaut waren und das Zigeunerdorf praktisch eine Sackgasse war. Außerdem ist doch alles gut gegangen und wieder haben wir ein Abendteuer erlebt!

Kurze Zeit später fanden wir einen Rastplatz, hielten an und tranken erst einmal ganz in Ruhe Kaffee. Als wir gerade fertig waren und ich schon begonnen hatte einzupacken, stellte sich uns erneut ein Hindernis in den Weg.

Schatzi entdeckte nicht weit von uns entfernt, mitten im Sonnenblumenfeld, einen mobilen Honigwagen. Nur Sekunden später war sie schon dort und führte erste Verhandlungen mit dem Imker. Dann kam sie im Laufschritt zurück aber …? Was war das?

Sie hatte kein Glas, keine Einkaufstüte, sie hatte nichts in der Hand! „Haben wir jetzt den ganzen Bienenwagen gekauft?" fragte ich. Schatzi lächelte milde und erklärte mir, dass der Imker kein Gefäß hat. Es kommt wohl nicht so oft vor, dass Touristen bei ihm direkt Honig kaufen wollen.

Schatzi suchte verzweifelt im Wohnmobil nach einem brauchbaren Gefäß. In Ermangelung eines Glases ließ sie sich den Honig kurzerhand in unsere große Thermoskanne abfüllen. Ich machte mir ernsthaft Sorgen, welches Gefäß als nächstes dran glauben muss.

Weitere 2 kg Honig im Gepäck durfte ich mit einem glücklichen Schatzi an meiner Seite weiterfahren.

Endlich kam Zlatna in Sicht. Dort angekommen, machten wir uns lautstark am Haus von Ion bemerkbar. Es schien aber niemand zu Hause zu sein und wir wollten schon weiter, als Horian (Ions Sohn) ganz zerzaust aus dem Haus kam. Wir fragten uns gerade, wobei wir ihn gestört haben könnten, als hinter ihm seine Freundin aus dem Haus trat. Sie sah genauso zerzaust aus wie er. Unsere Frage hatte sich damit erübrigt.

Beim Anblick der Beiden wollten wir ganz schnell wieder verschwinden, aber dazu kam es nicht. Ohne unsere Einwände gelten zu lassen, wurden wir wieder in den alten Dacia verfrachtet und Horian brachte erst Florina, so hieß seine Freundin, nach Hause und anschließend uns in die Berge, wo Ion und seine Frau Luci anderen Familien bei der Feldarbeit halfen.

Ja, ihr habt richtig gehört, dort helfen sich alle gegenseitig, denn man ist aufeinander angewiesen. Wie wir so dastanden, die Szenerie beobachteten und Horian uns alles erklärte, mussten wir lächeln und beneideten diese Leute zugleich.

Hier lebte auch jeder individuell und trotzdem halfen sich die Menschen untereinander. Hier muss noch nicht jeder der Beste sein. Hier ist es noch wichtig, dass alle zusammen die Besten sind und dieses Gemeinschaftsgefühl macht sie stark und glücklich! Wenn ich groß bin, möchte ich auch Rumäne werden!

Ion und Luci freuten sich sehr, uns noch einmal wiederzusehen und setzten für den Abend gleich ein Fest an. Damit wir keine

Möglichkeit hätten, den beiden zu helfen oder gar etwas dafür einzukaufen, wurden wir wieder verladen und Horian fuhr uns durch den Ort und zeigte uns alles „Sehenswerte". Das Zigeunerviertel, die alte Fabrik, die Polizeistation und die Kirche. Überall wurden wir hingefahren und irgendwelchen Leuten vorgestellt.

Während der Fahrt erzählte er uns immer wieder, wie viele Probleme die Rumänen mit den Zigeunern haben und dass diese hier im Land einen ganz schlechten Ruf haben. Auch sind die Rumänen sauer auf die Roma, weil diese für das schlechte Image im Ausland verantwortlich sind. Er meinte, dass die sogenannten „Rumänenbanden" zum überwiegenden Teil aus Zigeunern bestehen.

Zum Schluss führte er uns noch zum Haus von Livio, einem engen Freund der Familie, welchen wir bei unserem ersten Besuch schon kennengelernt hatten.

Er und seine Frau luden uns herzlich ein, bei Ihnen zu übernachten. Das Haus der beiden stand sehr romantisch an einem Berghang, kurz vorm Waldrand, mit Blick über ganz Zlatna. Der Hausherr meinte noch, den steilen Bergweg hochzufahren, wäre auch mit dem Womo kein Problem.

Es fiel uns nicht schwer dankend abzulehnen, aber nur der Anfahrt wegen. Ich würde mich schon als taffen Autofahrer bezeichnen, aber diesen Weg - nein! Obwohl unser Womo den Spitznamen „Bergziege" nicht umsonst hat, diesen Ackerweg wollte ich ihr nicht zumuten! Es handelte sich um einen Wanderweg, der durch Regenfälle sehr ausgewaschen und der Untergrund entsprechend lose war. Außerdem ging es steil bergan.

Schatzi rutschte schon beim Laufen aus, was wäre erst mit unserer 3,5 t Bergziege passiert?

Beim Rückweg ins Tal konnten wir schon von weitem einen alten Mann beim Wiesemähen beobachten. Der Mann, hager und 86 Jahre alt, stand mit einer Sense auf einer Wiese zwischen Obstbäumen und mähte Gras.

Wie selbstverständlich wurden wir ihm als „Gute Freunde aus

Deutschland" vorgestellt. Er kam näher, betrachtete uns über den Zaun hinweg und sagte dann in einem kaum verständlichen Deutsch: „Nun musste ich 86 Jahre alt werden, um einmal Deutsche zu treffen!"

Dabei wurden seine Augen ganz feucht vor Freude und ich bekomme diese noch heute, wenn ich dies schreibe. Er sagte die Worte und betrachtete uns dabei voller Bewunderung. Obwohl, eher sollten wir ihn bewundern - was wir auch taten!

Noch heute läuft es uns kalt den Rücken runter, wenn wir an diese Situation denken. Ihm standen die Tränen in den Augen, weil er nun endlich einmal in seinem Leben „richtige" Deutsche kennenlernen durfte. Ein wenig unterhielten wir uns noch, dann drängte Horian zum Aufbruch.

Das Abendbrot wartete. Leider war er am Abend nicht mit dabei, aber sollten wir noch einmal nach Rumänien fahren, hoffen wir, dass er noch lebt und wir ihn besuchen können.

Zur abendlichen Feier kamen viele Freunde und Bekannte und jeder freute sich, uns kennenzulernen und niemand wollte uns etwas verkaufen oder uns betrügen.

Aufgrund des Selbstgebrannten, der mit Honig von den eigenen Bienenvölkern gemischt wurde, fehlt uns ein wenig das Ende des Abends.

Eins ist sicher, er war lustig und trotz der Sprachprobleme mehr als unterhaltsam.

Die Nacht verbrachte ich mit einem Bein im Bett, das andere brauchte ich, um das Gleichgewicht zu behalten!

Samstag - Sag nie, dass es schön ist

Selbstverständlich durften wir am nächsten Tag nicht so einfach weiterfahren. Ich glaube, ich hätte auch nicht fahren können. Noch ein paar Stunden zum Akklimatisieren taten mir bestimmt sehr gut.

Zuerst mussten wir noch ganz in Ruhe frühstücken. Und dann

geschah etwas, was unser Weltbild wieder völlig verschoben hat und für uns bis heute unfassbar bleibt.

Luci, die Frau von Ion, sammelt Porzellanfiguren.

Im nahegelegenen Alba Iulia gab es eine Porzellanfabrik und diese war das Aushängeschild für Porzellan in Rumänien und produzierte das Beste des Landes.

Soweit wir es überblicken konnten, hatte Luci die gesamte Schrankwand mit Figuren und Figürchen, meist Tänzerinnen oder Heiligenfiguren, aus dieser Fabrik vollstehen. Schatzi sah sich nun bemüßigt aufzustehen, um sich die Figuren näher anzusehen.

Da Schatzi immer sehr freundlich ist, sagte sie Luci, dass sie die Figuren sehr nett findet. Ihr wisst ja, was „nett" heißt! Schatzi wollte einfach nur freundlich sein! Doch Luci kannte die Bedeutung von „nett" nicht.

Denn als sie dies hörte, fing sie gleich an, einige Figuren rauszuholen und Schatzi zu fragen, wie sie diese oder jene findet. „Schön, sehr schön, allerliebst und so detailgetreu ...!" sprach Schatzi und jedes Wort wurde von Horian übersetzt.

Ich ahnte, was gleich kommen würde. Luci holte Papier und fing an, die so gelobten Figuren einzupacken.

Schatzi stand mit schreckensweiten Augen da und versuchte Luci klarzumachen, dass sie zwar toll aussehen, aber nicht zu unserem Wohnstil passen würden.

Natürlich verstanden weder Horian noch Luci dies und ehe wir uns versahen, hatten wir eine Kiste voller Porzellanfiguren. Jetzt kam Luci erst richtig in Geberlaune. Sie holte noch Porzellantrinkbecher und eine Kanne, beides in Form von Fischen, hervor und packte alles ein. Dabei sprach sie mit Ion und beide freuten sich offensichtlich, etwas gefunden zu haben, mit dem sie uns eine Freude machen konnten.

Nun kam auch noch Horian mit einer etwas eingestaubten Porzellanschale an und überreichte uns diese. Luci stand schon wieder vor einer Vitrine und blickte alle Figuren prüfend an, dann griff sie sich zwei kleine Porzellanengel und Horian übersetzte ihre Worte: „Für Juliane und Philipp, sie sollen ihnen immer Glück bringen!".

Unsere Kinder werden „begeistert" sein, nur leider werden sie den tieferen Sinn dieser Geste nicht verstehen.

Auch wenn diese Figürchen kitschig aussehen, die Geste und die Worte kamen von Herzen und deshalb stehen beide Engel bei uns zu Hause und halten immer ein Auge auf Alle!

Langsam wurde es uns unheimlich, ich beugte mich zu Schatzi und raunte ihr zu: „Wehe, wenn du jetzt noch sagst, dass das Sofa schön ist. Dann bekommen wir auch das noch mit!"

Zum Glück ergab sich nun eine Möglichkeit aus dem Haus zu kommen, denn die Sachen mussten ins Womo. Wir konnten alles transportsicher verpacken.

Im Garten sollte es noch einen letzten Abschiedstrunk geben. Bei dieser Gelegenheit spielte ich mit dem Hundewelpen, welcher gerade von Horian großgezogen wurde. Ion beobachtete, wie ich mit dem Welpen spielte und prompt wurde ich gefragt, ob ich ihn niedlich finde.

Ohne nachzudenken antwortete ich mit ja und spielte weiter. Im selben Moment, da ich das „Ja" ausgesprochen hatte, bereute ich es auch schon. Ich hatte nun größte Mühe, alle zu überzeugen, dass ich den Hund nicht möchte und wir ihn auf unserer weiteren Reise auch nicht mitnehmen können. Fast waren sie beleidigt, dass wir den Hund nicht mitnehmen wollten, aber dann fiel ihnen plötzlich etwas ein.

Ion und Luci verschwanden im Keller und als sie kurze Zeit später wieder hochkamen, hatten sie alle Hände voll. Sie brachten uns Milch, Eier, Käse, Speck und aus dem Garten Tomaten. Zum Schluss hielt Luci dann auch noch ein frisch gebackenes Brot in Händen und überreichte uns dies mit einem Lächeln.

Wir wären vor Scham am liebsten im Erdboden versunken. Da standen wir, die Reisenden aus dem Westen, hatten ein Vielfaches des Einkommens der Rumänen und diese beschenkten uns so herzlich und gastfreundlich mit dem Wenigen, was sie hatten.

Sollte uns dies zu denken geben? Wir haben lange darüber nachgedacht, geredet und unsere Schlüsse daraus gezogen.

Wir verabschiedeten uns wie gute Freunde und waren doch nur

kurzzeitige Gäste! Ion und Luci betonten nochmals, dass sie nichts möchten, außer, dass wir wieder vorbeischauen, wenn wir durch Rumänien reisen!

Noch lange nach der Abreise unterhielten wir uns über Ion und seine Familie. Unter dem Eindruck der vielen Eindrücke und der Gastfreundlichkeit bekamen wir nicht viel mit von der schönen Landschaft in den Karpaten.

Deshalb wollten wir nicht mehr so viele Kilometer fahren und suchten rechtzeitig einen schönen Übernachtungsplatz.

Nach 138 km fanden wir in den Bergen, an einer kleinen Durchgangsstraße, einen wunderschönen Platz direkt neben einer Kirche mit anschließendem Friedhof. Verdeckt vom Womo und einem großen Holzstapel, konnten wir unsere Stühle so aufstellen, dass wir von der Straße aus nicht zu sehen waren.

Nachdem alles aufgestellt und der Kaffe zubereitet war, saßen wir ganz entspannt in unseren Stühlen und ließen unsere Blicke über das weite Tal und die umliegenden Berge schweifen.

Mit unserem Kaffeeritual waren wir fertig und sonnten uns nun, recht leicht bekleidet, in der warmen Nachmittagssonne. Als sich plötzlich vom Ende des Kirchengeländes her ein wild aussehender, bärtiger Mann näherte. Er blieb aber in einiger Entfernung stehen und bedeutete mir, zu ihm zu kommen. Uns schwante nichts Gutes und Schatzi zog sich hektisch etwas drüber.

Bei ihm angekommen, fragte er mich mit einer ruhigen warmen Stimme, ob ich Englisch spreche. Ich bejahte. Dann stellte er sich als Pater Elias und als Kirchenvorsteher vor. Als nächstes wollte er wissen, woher wir kamen und wohin wir wollten.

So gut ich es mit meinem Englisch konnte, erklärte ich ihm, dass wir aus Deutschland kommen, in Istanbul waren, dann einige Tage in Rumänien verbrachten und uns nun auf dem Nachhauseweg befinden.

Dies alles fragte er zwar ruhig, aber sehr bestimmt, fast fordernd. Mir wurde immer flauer und rechnete schon damit, dass er die Polizei holen würde. Vielleicht hätten wir unser Lager doch nicht direkt neben einer Kirche aufschlagen sollen.

Dann fragte er, ob wir alles hätten. Bei dieser Frage stutzte ich. Schatzi fragt mich dies auch ab und zu, doch sie meint eher: Hast du sie noch alle? Hatte er sich versprochen oder …? Ich verstand ihn nicht so richtig und blickte wahrscheinlich auch ein wenig irritiert drein.

Daraufhin wiederholte er seine Frage und diesmal verstand ich ihn. Er wollte wissen, ob wir Wasser oder etwas zu essen brauchen. Ich konnte es nicht glauben, wir stehen an einer Kirche, sonnen uns und der Kirchenvorsteher macht sich Sorgen um uns und bietet uns seine Hilfe an.

Erleichtert verneinte ich und bedankte mich sehr freundlich. Als nächstes bot uns Pater Elias an, die Toilette und Dusche in seinem Haus benutzen zu können. Mit einer Hand wies er auf sein Haus, welches keine 50 m von der Kirche entfernt stand.

Ich erklärte ihm, dass wir beides auch im Wohnmobil haben und bedankte mich wieder. Er betonte nochmals, falls wir etwas benötigen, sollen wir bitte unbedingt bei ihm klingeln. Zum Abschied gab er mir die Hand und verschwand in seinem Haus. Das nenn ich Nächstenliebe!

Ich wandte mich um und ging zu Schatzi zurück. Mit einer gewissen vornehmen Blässe im Gesicht trat ich zu ihr und konnte im selben Moment sehen, wie ansteckend diese Gesichtsfarbe war. Erschrocken fragte sie mich, was los sei.

Ich beruhigte sie, erzählte ihr, was ich gerade erlebt hatte und schloss mit den Worten: „Kannst du dir vorstellen, dass dir in Deutschland jemand seine Toilette anbietet?" Es dauerte eine ganze Weile, bis wir uns wieder gefangen und die Situation verarbeitet hatten.

Nur kurze Zeit später wurden wir vom nächsten erstaunlichen Ereignis überrascht.

Wir diskutierten noch immer über das Erlebnis mit Pater Elias, als gegen 18 Uhr zwei ältere Männer zur Kirche kamen. Freundlich nickten sie uns zu und verschwanden im Kirchturm.

Wenig später wurden alle vier Fenster, jedes zeigte in eine Himmelsrichtung, geöffnet und die Kirchenglocken geläutet. Dann verstummten die Glocken und einer der Männer trat an eins der Fenster, nahm zwei Hölzer und schlug mit diesen rhythmisch gegen die hölzerne Fensterbank. Es klang fast wie die Kirchenglocken, nur eben aus Holz.

Dann wechselten sie wieder. Die Glocken läuteten und die Hölzer schwiegen. Beide wechselten so lange, bis der Holzschläger an allen vier Fenstern und somit in alle vier Himmelsrichtungen getrommelt hatte.

Als die Glocken nach dem letzten Läuten verstummten, winkten uns beide nochmals zu, dann wurden die Fenster geschlossen und die Kirche lag so ruhig und verschlossen da wie vor wenigen Minuten. Erstaunlicherweise bemerkte, außer Schatzi und mir, niemand das Spektakel.

Auch dieser Platz an der Kirche hatte, gerade durch das vergangene Schauspiel, etwas Besonderes, etwas Spirituelles. In einer völlig ruhigen und ausgeglichenen Atmosphäre bereiteten wir gemeinsam das Abendbrot zu. Es gab alle möglichen Leckereien aus Ions Produktion und dazu das frische Brot, gebacken von Luci.

Den Abend ließen wir bei einem Glas Wein und genussvollen Blicken in die Bergwelt ausklingen.

Sonntag – Von Krankheit geschlagen

In der Nacht überkamen mich Magenkrämpfe und ich quälte mich eine ganze Zeit im Bett von einer Seite auf die andere. Dann plötzlich musste alles raus. Zum Glück war es draußen stockfinster und niemand war unterwegs. Ich schaffte es gerade noch bis hinter den großen Holzstapel! Was ich zu diesem Zeitpunkt noch nicht wusste, dies war der Anfang einer bakterielle Magenerkrankung, welche mich die nächsten Tage, bis Heim nach Hamburg, nicht mehr loslassen sollte.

Der Morgen begann friedlich, sowohl in meinem Magen als auch in den Bergen. Für heute hatten wir uns eine lange Fahrtstrecke rausgesucht, deshalb starteten wir auch ziemlich früh.

Schon nach wenigen Kilometern konnten wir an einem kleinen Bergbach unsere Wasservorräte auffüllen. Die schöne Bergwelt konnte ich, von der Wasserstelle an, nicht mehr so recht genießen, der Magen machte mir wieder sehr zu schaffen.

Im Nachhinein fragen wir uns schon, wie ich an diesem Tag über 450 km fahren konnte.

Die Grenze von Rumänien nach Ungarn passierten wir auf einer kleinen Landstraße. Hier gab es nicht mal mehr Grenzkontrollen und so rollten wir problemlos nach Ungarn.

Hatte ich euch schon erzählt, dass Ungarn auch nicht zu unseren Lieblingsreiseländern gehört? Nein, dann habe ich das nun nachgeholt. Der Fahrstiel der Ungarn ist mir zutiefst unsympathisch.

Innerhalb von Ortschaften bzw. selbst innerhalb von Dörfern fahren diese genau 47,5 km/h und kein km/h mehr. Und wehe, wenn man mit dem Wohnmobil überholt! Dann wird man sofort von der Polizei raus gewunken und muss 50 € bezahlen.

Ich hatte Glück. Ich habe 15:1 gewonnen! 15 mal überholt, nur einmal bezahlt. Da lob ich mir doch die Rumänen oder Türken, dort ging es immer flott voran. Trotz der ungewöhnlichen Fahrweise der Ungarn kamen wir zügig voran. Schnell hatten wir die Grenze zur Slowakei erreicht. Dank der EU Erweiterung wurden die Grenzanlagen komplett abgebaut, somit gab es auch keine Kontrollen mehr.

In der Slowakei angekommen, wurde Schatzi ganz unruhig. Bereits dreimal sind wir am Fabrikverkauf von GABOR vorbeigekommen und jedes Mal hatte dieser geschlossen.

Frauen werden wissen, wovon ich spreche – SCHUHE! Schatzi strahlte vor Glück, als ich auf den Parkplatz vor dem Laden rollte.

Kaum im Laden ging es los: „Schau mal Liebling …, sind die nicht schön …? Vielleicht gibt es die auch in meiner Größe?"

So ging das die ganze Zeit und ich befürchtete schon, dass wir vor dem Laden übernachten müssen. Schließlich kamen wir doch

zum Ende. Wir schleppten 6 Paar Schuhe aus dem Laden. Zu Schatzis Ehrenrettung muss ich sagen, ja selbst ich habe mir 2 Paar Schuhe gekauft!

Auf der einen Seite war ich heilfroh, dass es endlich weiterging. Auf der anderen Seite macht mir der Kreislauf, wegen der Magengeschichte, ganz schön zu schaffen.

So war ich glücklich, als wir am späten Nachmittag einen zauberhaften Übernachtungsplatz an einem Skilift in der Slowakei fanden. Schon von weitem konnten wir einen großen Parkplatz, von dem ein Skilift in die Berge führte, sehen.

Der Platz war umgeben von schönen saftig grünen Weiden. Gegenüber dem Parkplatz befand sich eine Pferdekoppel und das Beste, wir waren die einzigen Besucher. Ich habe mich nur um meinen Liegestuhl gekümmert, aufstellen, reinlegen und einschlafen, dies alles ging übergangslos ineinander über.

Aus verständlichen Gründen brauchte ich mir keine großen Gedanken ums Abendessen zu machen. Der Hunger hielt sich bei mir sehr in Grenzen und mein liebes Frauchen kümmerte sich selbst.

Später bin ich dann noch vom Liegestuhl ins Bett umgezogen, aber ich weiß nicht mehr, ob wach oder schlafend.

Montag – Durch die Slowakei und Tschechien

Am nächsten Morgen starteten wir mit neuen Kräften und nach 370 km fühlte ich mich schon bedeutend besser. Das wir nicht ganz so viele Kilometer hinter uns brachten, tat mir sehr gut.

Ich hätte auch Schatzi mal ans Steuer lassen können. Aber mein Ego verbot mir dies. Als liebender Ehemann ist es meine Pflicht, meine Frau zu beschützen und für wichtigere Aufgaben zu schonen.

Diesmal wollten wir uns schon zeitig einen Übernachtungsplatz suchen. An einem Stausee in Tschechien fanden wir diesen. Abseits von allen Wegen konnten wir unsere Bergziege abstellen. Geschützt vor neugierigen Blicken standen wir am Rand einer Wiese, umgeben von einigen Bäumen. Außerdem hatten wir einen freien Blick über den Stausee.

Die Abgeschiedenheit des Stellplatzes nutzten wir zum freien

Sonnen und Erholen. Schatzi nutzte den Platz noch viel besser. Sie holte alle neuen Schuhe aus dem Womo. Stellte alle in Reih und Glied auf und dann fing sie an, alle mit Imprägnierspray und Lappen für den ersten Einsatz vorzubereiten.

Als ich Schatzi so zusah, hatte ich echt Angst, dass etwas von dem Spray an freie Körperstellen kommen würde. Denn außer dem Radio hatte sie nichts an! Glaubt mir, so habe ich mir „Nacktputzen" nicht vorgestellt.

Diesmal gab es auch endlich wieder etwas zu fotografieren und ich konnte mich auch wieder ums Essen kümmern. Soweit hatte sich alles wieder stabilisiert – dachte ich! Denn beim Essen wurde ich gleich wieder übermütig. Die Rache folgte einige Stunden später, als ich mitten in der Nacht wieder raus musste. Alles ging wieder von vorne los. Oder anders gesagt, das schöne Essen war für`n Ar...!

Dienstag – Die Kreditkarte kommt zum Einsatz

Die Nacht hatte mir so zugesetzt, dass ich mich leicht geschwächt hinters Lenkrad klemmen musste. Fast 400 km sollten es heute werden und am Ende des Tages waren wir um 200 € ärmer und Schatzi hatte einen erholsamen Abend.

Quer durch Tschechien führte uns unser Weg zurück nach Deutschland. Außer, dass es stark regnete und das um Prag herum sehr viel Verkehr war, weiß ich nicht mehr viel von dieser Fahrt. Wahrscheinlich war ich wie in Trance!

So halbwegs zu mir kam ich erst wieder, als wir im Erzgebirge wie „zufällig" an Zschorlau vorbei kamen. Den Wenigsten wird dieser Ort etwas sagen, aber Insider wissen, wovon ich rede.

Zschorlau, mitten im Erzgebirge, die Stadt in der die Familie Hubrig zu Hause ist. Ho is fuck the Hubrig? Den Fans farbiger „Jahresendfiguren" wird dieser Name wie Musik in ihren Ohren klingen. Schatzi wurde die Liebe zu diesen „Deko-Sachen" in die Wiege gelegt. Zur Weihnachtszeit wird unsere Wohnung immer „umgestaltet", sie verwandelt sich dann in ein Museum für Volkskunst!

Da mir der Magen nach wie vor zu schaffen machte, schlug ich Schatzi vor, alleine ihre Figuren auszusuchen. Kurz entschlossen handelte sie mit mir, dem kranken Mann, ein Einkaufslimit aus. Ich schlug ihr 200 € vor. „So viel brauche ich niemals, nein, das ist zu viel." meinte sie im Brustton der Überzeugung. Ich blieb skeptisch, küsste sie und schon war sie im Laden und ich auf dem Bett verschwunden.

Einige Zeit später kam sie mit zwei Einkaufstüten wieder und weckte mich ganz zärtlich. Da erwachte sofort das Misstrauen in mir. Wenn sie mich so vorsichtig wach küsst, dann bin ich gespannt, was aus dem Limit geworden ist. So fragte ich leise: „Na, wie viel hast du bezahlt?" Sie sah mich mit Dackelblick an und erwiderte stolz: „Keine 200 €, nur 185 €!" Da war ich aber sehr froh. Sie hatte das Limit wirklich eingehalten und wir hatten sogar noch 15 € übrig. Ich war stolz!

Ich sehnte mich weiter nach Ruhe und Schatzi brauchte Erholung. Meine Idee, wir suchen uns ein Freizeitbad oder besser noch eine schöne Sauna oder noch besser, beides zusammen.

Von einem Passanten bekamen wir den Tipp, es mal in Eibenstock zu versuchen. Und tatsächlich fanden wir beides in den Badegärten Eibenstock. Eine wunderschöne Saunalandschaft mit einem guten Restaurant. Schatzi genoss die Sauna in vollen Zügen, ich hingegen beschränkte mich auf einen einzigen Saunagang. Danach war ich so kaputt, dass ich mich nur noch von schwarzem Tee und Zwieback ernährte.

Den Parkplatz vor der Sauna „missbrauchten" wir gleich als schönen Übernachtungsplatz. In meinem Zustand hätte ich aber auch auf der A1 übernachten können und hätte trotzdem geschlafen, wie in Abrahams Schoß.

Mittwoch – Nach Potsdam

Wieder einmal fühlte ich mich am nächsten Morgen verhältnismäßig gut. Vielleicht hatte sich doch eine gewisse Erholung oder gar Besserung eingestellt.

Bevor es wieder schlimmer werden konnte, machten wir uns auf den Weg, die 250 km nach Potsdam zurückzulegen. Dort wollten wir heute noch Onkel und Tante von Schatzi besuchen.

Die Fahrt nach Potsdam verlief ohne Probleme und wir kamen wohlbehalten an. Nach einem kurzen Ausflug in die Wohnung von Onkel und Tante zog ich es vor, mich im Womo zu verkriechen und zu schlafen. Um die letzten Kilometer ganz in Ruhe anzugehen, schliefen wir noch eine Nacht vor dem Wohnhaus der Beiden.

Donnerstag – Nach Hause

Auch diesen letzten Tag begannen wir ohne Frühstück und ich mit leichten Magenschmerzen. Das Ende der Reise und damit vielleicht auch das Ende meiner Magenschmerzen war in Sicht. In der Zwischenzeit hatte ich schon über 2 kg abgenommen und es wurde Zeit, dies zu stoppen.

Die letzten 300 km bis Hamburg fuhren wir nur noch auf der Autobahn. Zum gemächlichen Fahren über Landstraßen fehlte mir die Muße.

Hamburg erreichten wir ohne Zwischenfälle.

Erste Amtshandlung zu Hause, sofort zum Arzt. Dieser stellte dann die recht ungewöhnliche bakterielle Erkrankung fest und verschrieb mir Medikamente. Nachdem ich drei Tage lang Tabletten genommen hatte, war bei mir alles wieder in Ordnung.

Schatzi mit ihrem Schweinemagen ging es sowieso gut, die Bergziege hatte auch alles gut überstanden und so blieb uns nur der übliche Spruch von meinem Vater: „Jetzt sam wir wieder dodor und san genauso g'schot wie unser Voder!".

Soll bayrisch sein; meine Eltern stammen beide aus München und so viel heißen wie: „Jetzt sind wir wieder zu Hause und genauso gescheit wie unser Vater!"

Als Fazit bleibt uns nur eins noch zu sagen, vielleicht sollten wir den ein oder anderen Manager oder Mitbürger mal auf eine solche Reise schicken. Einfach um ihnen zu zeigen, dass es noch mehr im Leben gibt als Zahlen, Charts und Euros!

www.schatzieinereiseundich.de